체중 관리 전문 영양사의 저탄수의 정석

제대로 저탄고지 정확히 저탄고단

이서경 지음

체중 관리 전문 영양사의 저탄수의 정석

제대로 저탄고지 정확히 저탄고단

초판 1쇄 발행 · 2021년 8월 30일

지은이 · 이서경

발행인 · 우현진
발행처 · 용감한 까치
출판사 등록일 · 2017년 4월 25일
대표전화 · 02)2655-2296
팩스 · 02)6008-8266
홈페이지 · www.bravekkachi.co.kr
이메일 · aoqnf@naver.com

기획 및 책임편집 · 우혜진
마케팅 · 리자
사진 · 이원엽 **푸드** · 양유경, 이은희, 김도연
디자인 · 현주희 **교정교열** · 이정현
CTP 출력 및 인쇄 · **제본** · 상지사

ISBN 979-11-971969-9-7(13590)

감성의 키움, 감정의 돌봄 용감한 까치 출판사

용감한 까치는 콘텐츠의 樂을 지향하며 일상 속 판타지를 응원합니다. 사람의 감성을 키우고 마음을 돌봐주는 다양한 즐거움과 재미를 위한 콘텐츠를 연구합니다. 우리의 오늘이 답답하지 않기를 기대하며 뻥 뚫리는 즐거움이 가득한 공감 콘텐츠를 만들어갑니다. 아날로그와 디지털의 기발한 콘텐츠 커넥션을 추구하며 활자에 기대어 위안을 얻을 수 있기를 바랍니다. 나를 가장 잘 아는 콘텐츠, 까치의 반가운 소식을 만나보세요!

세상에서 가장 용감한 고양이 '까치'

동물 병원 블랙리스트 까치. 예쁘다고 만지는 사람들 손을 마구 물고 할퀴는 등 사나운 행동을 일삼아 미움을 받는 까치는 못된 고양이로 소문이 났지만, 누구보다도 사람들을 사랑하는 고양이예요. 사람들과 친해지고 싶은 마음에 주위를 뱅뱅 맴돌지만, 정작 손이 다가오는 순간에는 너무 무서워 할퀴고 보는 까치.

그러던 어느 날, 사람들에게 미움만 받고 혼자 울고 있는 까치에게 한 아저씨가 다가와 손을 내밀었어요. "만져도 되겠니?"라는 말과 함께 천천히 기다려준 그 아저씨는 "인생은 가까이에서 보면 비극이지만, 멀리서 보면 코미디란다"라는 말만 남기고 휭하니 가버리는 게 아니겠어요?

울고 있던 겁 많은 고양이 까치는 아저씨 말에 마지막으로 한 번 더 용기를 내보기로 했어요. 용기를 내 '용감'하게 사람들에게 다가가 마음을 표현하기로 결심했죠. 그래도 아직은 무서우니까, 용기를 잃지 않기 위해 아저씨가 입던 옷과 똑같은 옷을 입고 길을 나섭니다. '인생은 코미디'라는 말처럼, 사람들에게 코미디 같은 뻥 뚫리는 즐거움을 줄 수 있는 뚫어뻥 마법 지팡이와 함께 말이죠.

과연 겁 많은 고양이 까치는 세상에서 가장 용감한 고양이가 될 수 있을까요? 세상에서 가장 용감한 고양이 까치의 여행을 함께 응원해주세요!

느리더라도 천천히, 하지만 확실하게
몸의 변화를 만들어내는 메뉴

수많은 다이어트가 그러했듯 저탄고지 다이어트도 잠시 잠깐 인기를 얻다가 사그러들 것이라 생각했다. 그도 그럴 것이 유행하는 저탄고지 식단은 내가 식품영양학을 전공하며 수년간 배운 것을 완전히 뒤집어놓는 내용이었고, 언론에서 마주한 저탄고지 다이어트의 첫인상도 그리 좋지만은 않았기 때문이다.

키토제닉 다이어트라고도 불리던 그 식이요법은 술은 마음껏, 칼로리도 제한 없이, 하지만 탄수화물은 그 어떤 형태도 허용하지 않는 것이었다. 황당하리만큼 위험하고 도전적인 식단이었다. 건강을 유지하기 위해 50~60%를 탄수화물로 채우라는 영양학계의 권고 사항도, 포화지방이 심혈관계 질환을 유발한다는 여러 논문의 증거도, 그리고 무엇보다 칼로리 제한이 체중 감량에 필수 요소라고 말하는 교과서의 내용도 모두 무시하고 있었다. 그 때문에 키토제닉 다이어트는 분명 심각한 문제를 일으키고 퇴보의 길을 걸으리라 생각했다.

하지만 논란 속에서도 한 해, 두 해가 지날수록 키토제닉 다이어트를 하는 사람들은 점점 더 늘어갔고, 이제는 키토제닉을 실천하는 사람들을 겨냥한 식품 시장도 크게 성장했다. 그뿐 아니라 피트니스 센터, 병원 등에서 식단 상담 영양사로 근무할 때 키토제닉 식단을 통해 체중 감량이나 혈당 조절에 성공했다는 사례도 간간이 접하곤 했다. 키토식으로 하루에 5,000kcal 가까운 칼로리를 섭취하는 보디빌더를 만나 오랜 시간 저탄수 식단의 장점에 대해 듣기도 했다.

좀 더 자세히 들여다볼 필요가 있겠다는 생각이 들었다. 관련 논문도 찾아보고 저탄수 식단을 하는 사람들의 커뮤니티에 들어가 실제로 저탄수 식단을 하는 사람들의 민낯을 살펴보기도 했다. 결과적으로 적당한 수준의 저탄수 식단은 이롭다는 결론을 내렸다. 하루 권장 섭취 열량의 20~40% 정도를 탄수화물로 채우는 식단이라면 지금까지 내가 배워온 '균형 잡힌 식단'과 거리가 멀지라도 충분히 추천할 만한 가치가 있다는 판단이 들었다. 하지만 저탄고지 다이어트를 시작하는 많은 사람들이 빠른 효과를 기대하는 마음에, 그리고 철저하게 탄수화물을 배제해야 할 것만 같은 근원 없는 불안감에 다소 극단적인 저탄수 식단을 하고 있었다.

바로 이 부분이 내가 이 책을 쓰는 결정적인 이유다. 오래 지속할 수 있는, 느리더라도 천천히, 하지만 확실하게 몸의 변화를 만들어내는 메뉴를 담은 책이 필요하다고 생각했다.

이 책을 읽고 실천하는 많은 분들이 적당한 수준의 저탄수를 실천하며 건강 수명을 늘리고 삶의 질을 향상시키는 올바른 저탄수 식단의 산증인이 되기를 기대한다.

책 한 권이 통으로 식단!

아침, 점심, 저녁별로 필요한 칼로리가 모두 다르다는 사실, 알고 계신가요? 확실한 감량을 도와주는 영양사의 계산된 레시피를 끼니별로 모았습니다. 체중 관리 전문 영양사가 하나하나 꼼꼼하게 칼로리와 순탄수화물 함량, 영양 성분을 확인하고 계산해 4주 동안 아침, 점심, 저녁별로 레시피를 중복 없이 소개했습니다. 저탄수 식단을 어떻게 짤지 고민하지 마세요. 매일 먹고 싶은 레시피를 고르기만 하면 저절로 식단이 됩니다.

👉 알려드립니다

√   각 레시피는 1회분 기준이며, 레시피당 영양 성분 및 칼로리, 순탄수화물 함량 또한 1회분 기준입니다.

√   목표 감량 체중은 신장 160cm, 체중 70kg 여성을 기준으로 한 것이며, 연령, 근육량, 활동량 등에 따라 실제 감량 결과가 달라질 수 있습니다.

√   각 레시피의 예상 재료비는 물가 변동, 구매처, 지역 상황 등에 따라 다를 수 있습니다.

√   각 레시피의 소요 시간은 조리 환경 및 도구, 개인에 따라 차이가 날 수 있습니다.

√   스페셜 파트 '요요 없이 일상으로 돌아오는 메뉴'는 저탄수 식단을 끝낸 후에도 요요를 겪지 않도록 낮은 칼로리의 레시피를 소개한 파트로, 저탄수 레시피와 일반 레시피가 섞여 있습니다.

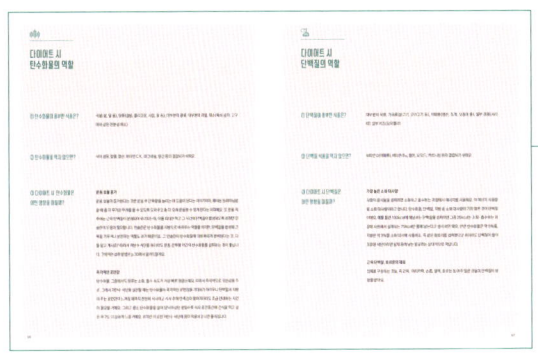

이 책의 특징

전문 영양사의 친절한 저탄수 기초 지식

저탄수 식단을 할 때 꼭 알아두어야 하는 기초 지식을 자세히 담았습니다. 저탄수 식단 시 탄수화물·단백질·지방의 역할, 저탄수 식단의 부작용, 시판 저탄수 간식, 다이어트 보조제에 대한 사실, 저탄수 식단을 해서는 안 되는 사람 등 반드시 이해하고 시작해야 할 내용을 담았습니다.

칼로리 · 순탄수화물 함량별로 끼니별 4가지 저탄수 레시피 라인업!

'운동 없이 6kg 감량'을 목표로 매주 끼니별로 칼로리와 순탄수화물 함량이 비슷한 레시피를 4개씩 묶어 소개했습니다. 도장 깨는 기분으로 먹고 싶은 요리를 고르다 보면 4주 저탄수 챌린지가 완성됩니다.

순탄수화물 함량 표시

저탄수 식단에서 가장 중요한 순탄수화물 함량을 레시피마다 표기해 똑똑한 다이어트를 할 수 있도록 했습니다.

식재료에 포커스를 맞춘 전문 영양사의 건강한 저탄수 식단

칼로리와 탄수화물 함량에만 치우친 레시피가 아닌, 식재료 본연의 영양과 맛에 초점을 맞춘 건강한 저탄수 레시피를 소개합니다. 식재료에 관련된 여러 정보를 함께 구성해, 내가 먹는 음식에 대한 체계적인 이해와 이를 바탕으로 한 건강한 다이어트를 할 수 있도록 했습니다.

다이어트가 끝난 후에도 요요 없이 유지할 수 있는 레시피 수록

다이어트 후 일반식으로 돌아갔을 때 다시 살이 찔까 봐 걱정되시나요? 우리가 좋아하는 떡볶이, 짜장면, 라면, 피자를 포함한 일상 메뉴와 달달하고 맛있는 음료를 '반' 칼로리, 저탄수 음식으로 바꾼 레시피를 소개했습니다. 반 칼로리 레시피로 요요 없이 다이어트와 '안전 이별'하세요!

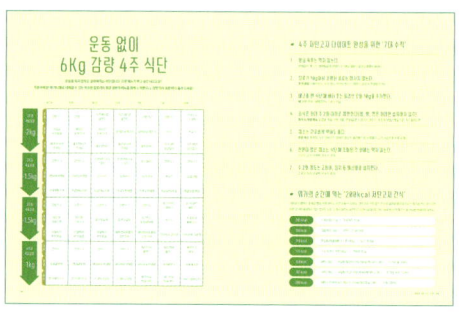

Step. 2

본격적으로 시작하기 전, 꼭 지켜야 할 수칙과
먹어도 좋은 간식, 그리고 추천 식단을 확인하세요.

↓

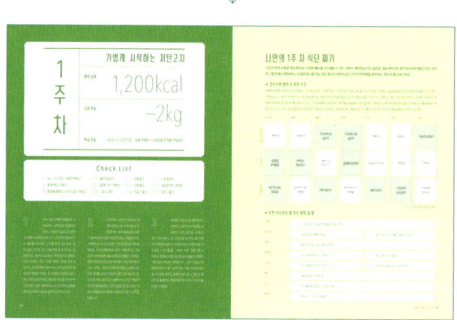

Step. 3

체크리스트를 확인하며 내 몸 상태를 점검하세요.
몸 상태에 따라 이번 주 중요하게 생각해야 할
포인트가 달라집니다.

↓

👉 4주 완성 저탄수 챌린지

이렇게
활용하세요!

요리 후보는 매일매일 달라져요!
매일 삼시 세끼 다르게 먹으면서 즐겁게 다이어트하세요!

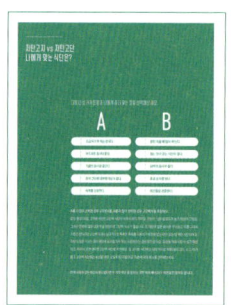

Step. 1

나는 저탄고지파? 저탄고단파?
나에게 맞는 저탄수 챌린지를 선택하세요.

↓

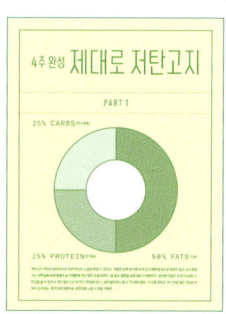 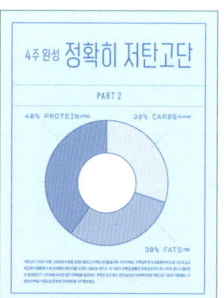

저탄고지 또는 저탄고단 페이지로 이동!

Step. 4

오늘 아침에 먹고 싶은 메뉴를 고르세요.

Step. 5

선택한 메뉴의 레시피를 따라
즐겁게 요리해 맛있게 먹습니다.

↓

Step. 6

점심 먹을 때가 되었나요?
그럼 오늘 점심 후보 중 먹고 싶은 것 하나를 골라주세요.

↓

Step. 7

선택한 메뉴의 레시피를 따라
즐겁게 요리해 맛있게 먹습니다.

Step. 8

저녁도 예외는 아니겠죠? 오늘 저녁 후보 리스트 중
맛있어 보이는 것 하나를 골라주세요.

↓

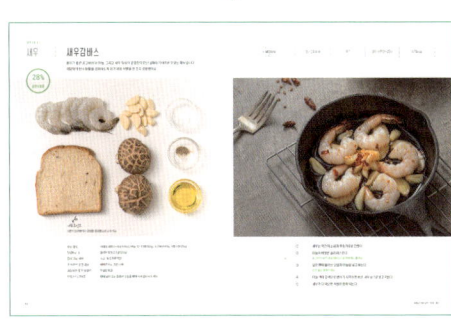

Step. 9

선택한 메뉴의 상세 레시피를 보고 즐겁게 요리합니다.
*필요할 경우 '저탄수 식단 준비하기'에 소개한
기본 저탄수 밥과 소스를 미리 만드세요.

↓

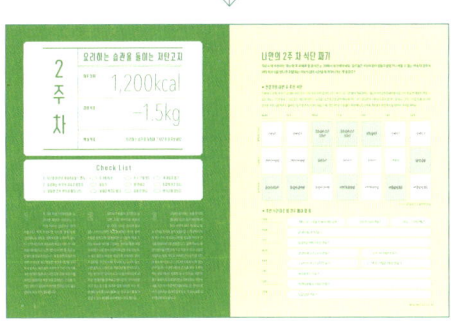

Step. 10

일주일 동안 열심히 저탄수 식단을 해냈나요?
그럼 2주 차 페이지로 넘어가 체크리스트를 확인하며 2주 차
식단으로 넘어갈지, 1주 차 식단을 더 할지 결정합니다.

저탄수 식단 준비하기

1주 차
가볍게 시작하는 저탄고지

PART 2

4주 완성 **정확히 저탄고단**

1주 차
가볍게 시작하는 저탄고단

2주 차
요리하는 습관을 들이는 저탄고단

3주 차
낮아진 칼로리에 적응하는 저탄고단

요요 없이 일상으로 돌아오는 메뉴

체중 관리 영양사가 알려주는
다이어트의 진실

내가 또 다이어트에 실패하는 이유

'다이어트는 평생 숙제'라는 말이 있습니다. 많은 분들이 다이어트를 하지만 중간에 포기하거나 목표에 도달했어도 그 체중을 유지하지 못해서 다시 좌절에 빠지는 일이 뫼비우스의 띠처럼 이어지기 때문이죠. 다이어트 상담을 7년 이상 하면서 한 가지 알게 된 것이 있어요. 다이어트를 실패하는 원인이 다양한 것 같지만 깊이 파고들어보면 실패하는 패턴이 사람들마다 비슷비슷 하다는 것입니다. 그래서 그동안의 경험을 바탕으로 사람들이 흔히 다이어트에 실패하는 이유 네 가지를 알려드릴게요. 내 얘기다 싶은 항목이 있다면 더 적게 먹고 더 많이 움직이려는 시도보다 먼저 그 문제를 해결하는 데 집중해봅시다.

① 조급한 마음

다이어트를 중간에 포기하는 사람들의 두드러진 특징이 바로 '조급한 마음'입니다. 빨리 빼고 싶은 마음이죠. 그래서 초절식 혹은 단식을 한다거나 평소 안 하던 운동을 몸에 무리가 될 정도로 한다거나 과대광고에 현혹되어 검증되지 않은 다이어트 보조제를 먹기도 합니다. 이 모든 방법이 다이어트 초반에 체중을 감량하는 데 도움을 주기는 하지만, 문제는 오래 지속할 수 없다는 것입니다. 그러면 어떻게 될까요? **무리한 방법으로 초반에 빠르게 뺀 체중은 감량하는 데 들인 시간보다 더 짧은 시간에 체중을 원상 복귀시킵니다.** 심지어 원래 체중보다 더 살이 쪄서 분통을 터뜨리는 분들도 적지 않아요. 완벽한 노력의 배신이죠. 따라서 잠시 잠깐 날씬하고 싶은 게 아니라면 조급함은 내려놓아야 합니다.

② 맛없는 다이어트

다이어트를 중간에 포기하게 만드는 두 번째 이유는 맛없는 다이어트 식단입니다. 세상에 얼마나 맛있는 음식이 많은가요? 아는 맛이 무섭다고 치킨, 피자, 달달한 커피, 초콜릿 등등 평소 즐기던 맛있는 음식이 눈앞에 놓여 있다면 그걸 거부하기가 쉽지 않죠. 그래서 **다이어트할 때 미각을 충족시키는 맛있는 식사를 하는 것은 아주 중요합니다.** 이를 위해 하루 한 끼 정도는 자유식을 하고 나머지 식단을 다이어트 식단으로 하거나 좋아하는 음식을 먹되 양을 조절하는 방향으로 식단을 관리하는 방법이 있습니다. 칼로리가 낮은 메뉴로 직접 만들어 먹는 것도 좋은 방법입니다. 저는 크림 리소토를 참 좋아하는데, 체중 관리 중 먹고 싶다는 생각이 간절해지면 밥 대신 곤약을 넣어 만듭니다(p.282). 그러면 100점은 아니어도 90점 정도의 만족스러운 식사를 할 수 있어요.

③ 몸 상태를 고려하지 않은 다이어트

세 번째로 본인의 몸 상태를 고려하지 않은 다이어트도 실패의 원인이 됩니다. 이 경우엔 열심히 하면 할수록 문제가 되기도 하기 때문에 다이어트를 시작하기 전에 잘 알아둘 필요가 있습니다. 대표적으로 고려해야 하는 게 '현재 체중'입니다. **다이어트를 시작하는 시점의 체중을 기반으로 운동 또는 식이요법 중 더 효과적인 방법이 다르기 때문이죠.** 예를 들어 고도비만이라면 운동보다는 우선 식이요법으로 먼저 체중을 어느 정도 감량하는 것이 좋습니다. 고도비만 상태에서 운동을 하면 무릎이나 허리 등에 부상을 입을 수 있고, 이는 다이어트 중단으로 이어질 수 있습니다. 과체중이나 비만인 사람이라면 본인의 체력과 몸 컨디션을 잘 파악해서 운동과 식이요법을 병행하는 것이 좋아요. 마지막으로 정상 체중이지만 군살 제거, 예쁜 청바지 핏 등을 위해 다이어트를 하는 분이라면 식이요법보다는 운동에 초점을 맞춘 다이어트를 권장합니다. 보통 정상 체중이라면 크게 문제되는 식습관이 없을 가능성이 높고, 식단 조절로 눈에 띄는 체중 감량 효과를 보려면 지나치게 적은 양의 식사를 해야 하기 때문에 근 손실과 기초대사량 저하로 이어져 요요가 오기 쉬운 몸이 됩니다. 반면 이때 운동에 초점을 맞춘다면 요요가 잘 오지 않는 몸으로 바뀌면서 몸매가 탄탄해지니 운동을 권장할 만한 이유가 되죠.

④ 문제 식습관 방치

제가 다이어트를 코칭할 때 가장 중요하게 여기는 부분입니다. 보통 다이어트에 성공한 후 요요가 왔다면 이게 문제일 가능성이 높아요. 예를 들어볼까요? 80kg인 여성이 있습니다. 평소 주 3회 정도는 술과 기름진 안주를 즐기고 운동은 전혀 안 합니다. 그러다 몸이 점점 무거워지는 것을 느끼고 다이어트를 해야겠다고 결심하죠. 매일 1시간씩 운동을 하고 술도 끊고 하루에 1,200kcal 다이어트 도시락만 섭취합니다. 그렇게 3개월을 보내고 나니 정상 체중인 60kg이 되었다고 해봅시다. 이만하면 됐다고 생각한 여성은 그다음 날부터 조금씩 술을 마시기 시작하고 하루하루 운동과도 멀어져 얼마 뒤에는 3개월 전과 동일하게 주 3회 음주를 하고 운동은 전혀 안 하게 됐습니다. 이분이 요요를 겪지 않을 가능성은 얼마나 될까요? 저는 0%라고 봅니다. 우리 몸은 '3개월 동안 정말 고생했으니 앞으로 네가 어떻게 살더라도 이 체중을 1년간은 유지해줄게'라고 하지 않죠. 결론은 요요를 막기 위해선 다이어트 중 만들어놓은 좋은 식습관, 운동 습관을 어느 정도는 유지해야 한다는 것입니다. 많은 사람들이 다이어트에 성공하고 나서 다시 이전의 잘못된, 즉 살찌기 쉬운 식습관으로 돌아갑니다. 그러고는 무척 억울해하죠. 그동안의 노력이 물거품이 되었다고 말합니다. 하지만 조금만 생각해보면 너무 당연한 이치입니다. 그러니 **다이어트하는 동안 만든 좋은 습관, 평생 유지해도 무리가 되지 않을 식습관이나 운동 습관이 형성됐다면 반드시 그 습관을 유지하는 노력을 해주세요.** 처음 그 습관을 만들기 위해 고군분투하던 때보다는 그 좋은 습관이 몸에 배어 익숙해지고 난 뒤 유지하는 것은 상대적으로 쉽답니다.

다이어트에 실패하는 가장 흔한 네 가지 원인에 대해 말씀드렸는데, 어떤 생각이 드시나요? 본인에게 해당되는 내용이 있다고 느낀다면 그것부터 바꾸려는 노력을 해야 한다는 걸 기억해주세요.

다이어트 시
탄수화물의 역할

① 탄수화물이 풍부한 식품은?

곡물(쌀, 밀 등), 당류(설탕, 올리고당, 시럽, 꿀 등), 대부분의 콩류, 대부분의 과일, 채소(특히 감자, 고구마와 같은 전분성 채소)

② 탄수화물을 먹지 않으면?

식이 섬유, 칼륨, 엽산, 비타민 C·K, 마그네슘, 망간 등이 결핍되기 쉬워요.

③ 다이어트 시 탄수화물은 어떤 영향을 미칠까?

운동 효율 증가

운동 효율이 증가한다는 것은 운동 후 근육량을 늘리는 데 도움이 된다는 이야기이자, 웨이트 트레이닝을 할 때 좀 더 무거운 무게를 들 수 있도록 도와주고 좀 더 오래 운동할 수 있게 된다는 의미예요. 또 운동 직후에는 근육 단백질이 분해되어 유리되는데, 이를 최대한 막고 그 시간에 단백질이 합성되도록 하려면 인슐린의 도움이 필요합니다. 인슐린은 탄수화물을 지방으로 바꿔주는 역할을 하지만, 단백질을 합성해 근육을 키우거나 보전하는 역할도 하기 때문이죠. 그 인슐린이 탄수화물에 의해 빠르게 분비된다는 것, 다들 알고 계시죠? 따라서 저탄수 식단을 하더라도 운동 전후에 약간의 탄수화물을 섭취하는 것이 좋답니다. 구체적인 섭취 방법은 p.30에서 알려드릴게요.

즉각적인 포만감

탄수화물, 그중에서도 당류는 소화, 흡수 속도가 가장 빠른 영양소예요. 따라서 즉각적으로 포만감을 주죠. 그래서 저탄수 식단을 실천할 때는 탄수화물의 즉각적인 포만감을 기대하기 어려우니 단백질과 지방이 주는 포만감이 느껴질 때까지 천천히 식사하고 식사 후에 만족감이 떨어지더라도 조금 인내하는 시간이 필요할 거예요. 그리고 평소 탄수화물을 많이 탐닉하셨던 분일수록 식사 중간중간에 간식을 먹고 싶은 욕구도 더 강하게 느낄 거예요. 하지만 이 또한 저탄수 식단에 몸이 적응하고 나면 좋아집니다.

다이어트 시
단백질의 역할

① 단백질이 풍부한 식품은?

대부분의 육류, 가금류(닭고기, 오리고기 등), 어패류(생선, 조개, 오징어 등), 일부 콩류(서리태), 일부 치즈(모차렐라)

② 단백질 식품을 먹지 않으면?

비타민 D(어패류), 비타민 B_{12}, 철분, 요오드, 카르니틴 등이 결핍되기 쉬워요.

③ 다이어트 시 단백질은 어떤 영향을 미칠까?

가장 높은 소화 대사량

사람이 음식물을 섭취하면 소화하고 흡수하는 과정에서 에너지를 사용해요. 이 에너지 사용량을 소화 대사량이라고 합니다. 탄수화물, 단백질, 지방 중 소화 대사량이 가장 많은 것이 단백질이에요. 예를 들면 100kcal에 해당하는 단백질을 섭취하면 그중 25kcal는 소화·흡수하는 과정에 사용해서 실제로는 75kcal만 몸에 남는다고 생각하면 돼요. 반면 탄수화물은 약 5%를, 지방은 약 3%를 소화 대사에 사용하죠. 즉 같은 칼로리를 섭취했다고 하더라도 단백질이 많이 포함된 식단이라면 실제 몸에 남는 칼로리는 상대적으로 적답니다.

근육 단백질, 호르몬의 재료

인체를 구성하는 것들, 즉 근육, 머리카락, 손톱, 혈액, 호르몬 등 아주 많은 것들이 단백질의 영향을 받아요.

다이어트 시
지방의 역할

① 지방이 풍부한 식품은?

식물성 기름(올리브 오일, 참기름 등), 동물성 지방(버터, 라드 등), 대부분의 견과류, 씨앗, 아보카도, 일부 치즈(체더치즈, 크림치즈)

② 지방 식품을 먹지 않으면?

비타민 E(특히 식물성 지방)가 결핍되기 쉬워요.

③ 다이어트 시 지방은 어떤 영향을 미칠까?

오래 지속되는 포만감

지방이 위에서 소장으로 넘어갈때 CCK(Cholecystokinin)라는 물질이 분비됩니다. 그리고 이 호르몬은 뇌로 포만감 신호를 전달해요. 하지만 이 기전이 작용하기까지는 식사 시작 후 최소 20분 정도의 시간이 걸립니다. 탄수화물에 비하면 포만감을 느끼도록 하는 데 시간이 좀 걸리죠. 하지만 1g당 칼로리가 높고 천천히 긴 시간 동안 소화·흡수되기 때문에 포만감을 오래 지속시킬 수 있어요.

케톤 생성으로 에너지 제공

우리 몸의 장기와 근육은 대부분 모든 종류의 탄수화물과 단백질, 지방을 에너지원으로 사용할 수 있지만 뇌는 탄수화물 중에서도 포도당만 사용할 수 있고, 그 외에는 케톤이라는 물질만 에너지원으로 사용할 수 있어요. 케톤은 몸에서 탄수화물이 부족할 때 주로 생성되는데, 지방이나 단백질을 쪼개서 만들죠. 그래서 케톤을 형성하는 데 몸이 능숙하지 않은 저탄수 식단 초기에는 뇌로 가는 에너지가 부족해져 집중력 저하, 어지러움증 등의 증상이 나타나기도 합니다. 저탄수 식단이 몸에 익고 지방을 잘 활용하는 체질로 바뀌면 증상이 양호해지지만 일상에 지장이 있을 정도로 어지러움이나 집중력 저하가 심한 경우에는 포도당 사탕을 이용하는 것을 추천합니다(약국에서 판매합니다).

식욕 조절을
위한 팁

다이어트의 최대 적은 식욕이죠. 저탄수 식단은 특히 탄수화물이 주던 즉각적인 포만감을 경험하기 어렵기 때문에 충분히 먹은 것 같아도 이상하게 자꾸 음식 생각이 나고 허기질 수 있어요. 그렇다면 식욕과의 싸움에서 쉽게 이기려면 어떻게 하면 좋을지 알려드릴게요.

① 충분한 수분을 섭취하세요

뇌는 갈증을 느끼면 그걸 식욕으로 오해하기도 해요. 그런데 저탄수 식단을 하면 체내 케톤 수치가 높아지는데, 이 현상으로 몸에서 약간의 탈수 반응이 일어납니다. 즉 몸이 식욕을 느끼기 쉬워지는 상태가 된다는 것이죠. 따라서 틈틈이 수분을 섭취해야 합니다. 2시간 간격으로 300㎖씩 하루에 1.5~2L 정도는 섭취하는 게 좋아요. 주의할 점은 한 번에 몰아서 마시지 마시고 나눠 마셔야 한다는 것입니다.

② 천천히 식사하세요

저탄수 식단은 포만감이 뇌로 전달되기까지 시간이 좀 더 걸리는 편이에요. 따라서 천천히 식사하지 않고 급하게 먹다 보면 포만감을 느끼기 전에 많은 양의 음식을 입에 넣고 있을지도 몰라요. 식사 시작부터 종료하기까지 최소 20분 정도 걸리도록 노력해보세요.

③ 요리하는 습관을 만드세요

이 책이 레시피 북이기 때문에 하는 이야기가 아니에요. 실제로 요리를 하는 과정에서 의외로 식욕이 떨어지는 걸 경험하는 사람이 많답니다. 요리 과정에서 음식 냄새를 오래 맡으면 나타나는 현상이죠. 그뿐만 아니라 요리를 한다는 것은 장 보고, 요리하고, 뒷정리까지 하는 모든 과정을 포함하기 때문에 소모하는 에너지도 더 크겠죠? 그래서 요리를 하는 습관을 기르면 남이 해주는 음식으로 쉽게 식사했을 때보다 식욕 조절과 체중 감량에 도움이 됩니다.

저탄수 식단과 다이어트 보조제

다이어트 보조제 섭취를 권장하지는 않지만 질문을 많이 받기 때문에 간략한 정보를 알려드리면 좋을 것 같아요. 그럼 다이어트 보조제의 성분으로 가장 자주 사용하는 네 가지를 살펴봅시다.

L-카르니틴 타르트레이트

먼저 카르니틴은 몸에서 일부 생성되기도 하고 육류에도 흔하게 포함되어 있는 물질입니다. 그만큼 안정성 있는 영양소라고 볼 수 있어요. 주요 기능은 지방을 태우는 데 큰 역할을 한다는 것이죠. 지방이 연소되기 위해서는 세포 내 미토콘드리아라는 기관으로 들어가야 하는데, 이 미토콘드리아에 들어가기 위한 입장권이 카르니틴이라고 이해하면 좋을 것 같아요. 저탄수 식단의 최종 목표가 지방을 활활 태우는 것인 만큼 카르니틴은 꽤 괜찮은 보조 역할을 할 수 있을 거란 생각이 듭니다.

녹차 추출물(카테킨)

녹차 추출물에는 '카테킨'이라는 폴리페놀이 들어 있는데, 이 성분이 다이어트에 도움을 줄 수 있습니다. 탄수화물이 지방으로 저장되는 것을 막아주는 효과가 있고 식욕 억제에도 일부 도움이 된다는 연구 결과가 있어요. 또 탄수화물 흡수 과정을 지연시켜 혈당이 갑자기 치솟는 것도 예방할 수 있다고 합니다. 하지만 이미 저탄수 식단을 하고 있는 사람이라면 굳이 카테킨의 도움을 받지 않아도 된다는 것이 저의 생각이에요. 원치 않게 고탄수 메뉴를 먹은 경우 가끔 복용하는 정도가 좋을 거라고 생각합니다.

가르시니아(HCA)

가르시니아(HCA)는 가르시니아 캄보지아라는 열매에서 추출한 성분입니다. 요즘 다이어트 보조제 시장을 살펴보면 이 성분은 거의 빠지지 않고 들어가는 것 같아요. 가르시니아는 과잉 섭취한 탄수화물이 지방으로 바뀌지 않도록 도와주는 역할을 해요. 하지만 최근 부작용 보고가 잇따르고 있기 때문에 녹차 추출물과 마찬가지로 저탄수 식단을 잘 유지하고 있다면 굳이 먹을 필요 없다고 판단됩니다.

그린커피 빈 추출물(클로로겐산)

그린커피 빈 추출물의 핵심 성분은 로스팅을 하지 않은 원두에 함유된 '클로로겐산'이에요. 클로로겐산은 식후 혈당이 오르는 것을 지연시키는 기능을 해요. 따라서 혈당이 높아져 지방으로 축적되는 것을 막고 더 나아가 지방 연소를 촉진할 수 있다고 합니다. 주요 기능이 탄수화물 소화, 흡수 지연이기 때문에 마찬가지로 저탄수 식단을 잘 실천한다면 크게 도움되는 보조제는 아니라는 생각이 듭니다.

저탄수 식단,
어떻게 하는 것이 좋을까?

저탄수 식단을 계획할 때 유의해야 할 점

십수 년간 저탄수 식단의 다이어트 효과와 건강에 미치는 영향에 대해 많은 논란이 있었어요. 영양학계가 오랫동안 고수해온 일정량(50~60%)의 탄수화물 섭취의 중요성을 부인하고 전체 섭취 열량의 10~15% 미만으로만 탄수화물을 섭취하는 것을 지지하면서 그에 따른 긍정적인 논문과 실제 사례가 많이 발표되고 있죠. 일부 사례를 보면 저도 혹하는 마음이 들기도 합니다. 하지만 그럼에도 저는 10% 미만의 극단적인 저탄수 식단을 권장하지 않아요. 몸도 힘들고 오래 지속할 수 없기 때문이죠. 실제로 저탄수 식단을 지지하는 많은 전문가도 10% 미만의 탄수화물 섭취 식단은 평생 지속할 수 없으며, 그렇게 할 필요가 없다는 데 동의합니다. 초반에는 탄수화물 섭취 비율을 15% 미만으로 조절하더라도 일정 기간 이후에는 탄수화물 섭취량을 점차 늘리도록 권고하고 있죠.

그래서 이 책의 모든 레시피는 탄수화물 함량이 최소 20%에서 최대 40% 정도를 차지하게끔 설정했어요. 한국인 영양 섭취 기준(한국영양학회)에서 권고하는 양보다는 적고 완고한 키토(keto)식을 하는 분들의 기준으로 보면 높은 수준이죠. 저탄수에 대해 조금 공부했거나 저탄수 식단의 이점을 경험한 분이라면 이런 애매한 태도가 마음에 안 드실지도 모르겠어요. 하지만 제가 이런 기준을 가지고 레시피를 계획한 데는 중요한 두 가지 이유가 있습니다.

① 극단적인 저탄수 식단의 부작용을 무시할 수 없어요

저탄수 식단을 하는 사람들이 모인 커뮤니티에 들어가보면 각종 증상으로 고통을 호소하는 분이 있어요. 극단적 저탄수 식단을 옹호하는 분은 이런 증상은 일시적이며 몸이 적응하는 과정의 일부인 '명현 반응'이라고 이야기합니다. 실제로 일정 기간이 지나고 나면 좋아지는 분도 있습니다. 하지만 안전하니 몸에서 어떤 반응이 나타나더라도 참고 극복하라고 권유하는건 임상영양사로서 부적절하다고 느껴져요. 또 이전 챕터(p.16)에서 다뤘듯 탄수화물을 섭취하지 않으면 결핍되기 쉬운 몇몇 영양소는 인체 내에서 없어서는 안 될 중요한 역할을 담당합니다. 하루 이틀 결핍되는 것은 문제가 되지 않겠지만 저탄수 식단으로 다이어트 효과를 보고 이후에 유지까지 하려면 최소 1년 이상의 긴 시간이 필요할 텐데, 그 기간이면 특정 영양소의 결핍으로 인한 문제를 겪을 가능성이 매우 높아지겠죠.?

② 극단적 저탄수 식단은
평생 지속하기 어려워요

앞에서 이야기했듯 탄수화물 식품은 한국인의 주식인 쌀, 밀, 콩, 과일, 채소 등을 포함합니다. 이런 식품을 잠깐 끊는 것은 가능하겠지만 평생 이런 식품과 단절된 삶을 사는 것은 생각보다 쉬운 일이 아니예요. 그러다 보니 저 탄수 식단을 중도 포기하고 원 상태로 돌아오는 사례가 적지 않아요. 하지만 20~40% 수준으로 탄수화물 섭취 를 조절하는 것은 제 경험상 그리 고통스러운 일은 아니었어요. 평생 식습관으로 유지할 수도 있죠. 다이어트에 도 꾸준함이 생명이라는 것을 떠올리면서 오래도록 저탄수 식단을 성공적으로 진행하기 위해 적당한 수준의 탄 수화물 섭취가 가능한 식단을 하시길 바랍니다.

그렇다면 20~40%의 탄수화물 섭취로도 저탄수 식단의 장점을 누릴 수 있는지 궁금할 것 같아요. 실제로 저탄 수 식단과 관련한 논문 중에는 10% 미만의 극단적인 탄수화물 제한을 전제로 하는 것이 아니라 전체 칼로리의 30% 안팎을 탄수화물로 채우는 식단으로 연구를 진행한 경우가 많아요. 다만 극단적 저탄수 식단을 초반에 병 행했을 때에 비해 지방이 활활 타고 있다는 증거인 케톤 수치는 상대적으로 낮게 유지될 수 있어요. 하지만 부작 용을 겪을 가능성이 낮고, 일반적인 한국인 식사를 할 때에 비해서는 혈당이 급격히 치솟을 확률이 줄어들며 몸 이 적극적으로 지방을 사용한다는 점에서 권장할 만한 가치가 있다고 판단됩니다.

저탄수 식단을
하면 안 되는 사람

① 당뇨병 환자

저탄수 식단은 혈당이 급격히 치솟을 확률이 낮아지기 때문에 특히 당뇨 환자에게 이롭다고 생각하는 사람이 많아요. 일부 일리 있는 이야기지만 당뇨가 있는 사람, 특히 당뇨 약을 복용 중이거나 인슐린 주사를 맞고 있는 사람은 저탄수 식단을 하면 갑작스러운 저혈당 증세로 경련, 혼수 등이 발생할 위험이 증가할 수 있다는 것을 아셔야 합니다. 이런 저혈당 증상은 밤에 자는 동안 일어나기도 하는데, 도와줄 사람이 없거나 본인도 저혈당 증세를 인지하기 어려운 수면 중 이런 일이 생긴다면 위험하겠죠. 따라서 무작정 시작하지 말고 담당 의사 또는 임상영양사와 상담해 결정하셔야 합니다.

② 일부 간 질환 환자

저탄수 식단을 만병통치 식단으로 오인하는 경우가 종종 있습니다. 하지만 급성 간염 같은 일부 간 질환의 경우 고탄수 식단을 치료식으로 제공하기도 합니다. 이런 경우에는 저탄수 식단을 고집하면 안 되겠죠.

③ 통풍 환자

통풍 환자는 관절에 통증을 일으키는 원인 물질인 퓨린이 적은 식사를 해야 합니다. 그런데 저탄수 식단을 하면서 상대적으로 많이 섭취하게 되는 육류, 생선 등 단백질 식품 중에는 퓨린 함량이 높은 것이 많습니다. 반면 탄수화물 식품은 대체로 퓨린 함량이 낮죠.

④ 신장 질환 환자

저탄수 식단을 하면 단백질을 더 많이 섭취하게 되죠. 따라서 단백질 섭취량을 조절해야 하는 신장 질환(만성 신부전 등) 환자에게는 저탄수 식단이 적절하지 않습니다. 그 외 정기적으로 복용하는 약물이 있거나 임신부, 급성 또는 중증 질환을 앓는 경우는 저탄수 식단을 권장하지 않으며, 반드시 담당의와 상의하셔야 합니다.

저탄고지 vs 저탄고단
나에게 맞는 식단은?

다음 다섯 가지 문항 중 나에게 좀 더 잘 맞는 것을 선택해보세요.

A

	B

조금씩 자주 먹는 편이다.

한번 먹을 때 많이 먹는다.

부드러운 음식이 좋다.

씹는 맛이 있는 식단이 좋다.

기름진 음식을 즐긴다.

담백한 음식이 좋다.

장이 건강해 대변에 이상이 없다.

종종 설사를 한다.

육류를 선호한다.

해산물을 선호한다.

A를 더 많이 선택한 경우 고지방식을, B를 더 많이 선택한 경우 고단백식을 추천해요.

같은 칼로리여도 고지방 식단은 고단백 식단에 비해서 양이 적어요. 지방이 1g당 칼로리가 높기 때문이죠. 그래서 한번에 많은 양을 먹길 원한다면 고단백 식사가 좋습니다. 또 지방이 많은 음식은 부드럽고 이름 그대로 기름진 편이지만 고단백 식사는 상대적으로 퍽퍽한 육류를 사용하기 때문에 씹는 맛이 있는 담백한 식단이에요. 지방이 많은 식사는 장이 예민해 설사를 자주 하는 사람에게는 권장하지 않아요. 증상을 악화시킬 수 있기 때문이죠. 따라서 이런 경우엔 고단백 식단을 추천해요. 또 고지방 식단에는 상대적으로 육류(돼지고기, 소고기)가 많고 고단백 식단에는 해산물(새우, 오징어 등)이 많아요. 취향에 맞게 메뉴를 선택해보세요.

만약 A와 B 모두 비슷하게 나왔다면 두 가지 식단 중 원하는 것만 쏙쏙 빼서 DIY 식단을 만들어도 됩니다.

저탄수 식단
활용법

1 저탄고지, 저탄고단 중 하나를 선택합니다.

2 1주 차 식단을 확인하고 일주일 식단표를 계획해봅니다 (권장 식단표를 따라도 좋아요).

3 필요한 식품을 장을 봅니다.

4 식단을 진행합니다.

5 식욕을 참기 어렵다면 먹어도 되는 간식 리스트를 확인합니다 (p.59, p167).

6 일주일이 지난 후 체크리스트를 확인하고 다음 단계로 넘어갈지 현재 식단을 유지할지 선택합니다.

7 매주 몸의 변화를 기록합니다.

8 최소 4주간 식단을 지속합니다.

※알아두세요

영양 성분 산정에는 추가하면 좋은 재료, 곁들이면 좋은 밑반찬은 포함하지 않아요. 재료비는 인터넷 판매 평균 가격으로 계산했고, 구매처나 구매 시기에 따라 차이가 날 수 있어요. 소요 시간은 밥이나 소스 만드는 시간을 제외한 대략적인 시간입니다.

저탄수 식단
계량법

1스푼 = 밥숟가락 1스푼

식용유 등 액체를 계량할 때는 흐르지 않을 정도로 가득 담은 것이 1스푼이며 보통 10g 정도 됩니다. 고춧가루 등 분말 형태는 밥숟가락에 오목하게 쌓은 것이 1스푼이며 7~8g 정도 됩니다. 된장, 고추장처럼 페이스트 형태도 오목하게 쌓은 것이 1스푼이고 13~15g 정도 됩니다. 단, 페이스트 식품은 듬뿍 담더라도 흘러내리지 않기 때문에 지나치게 많은 양을 담게 될 수 있으니 양을 잘 조절해주시길 바랍니다.

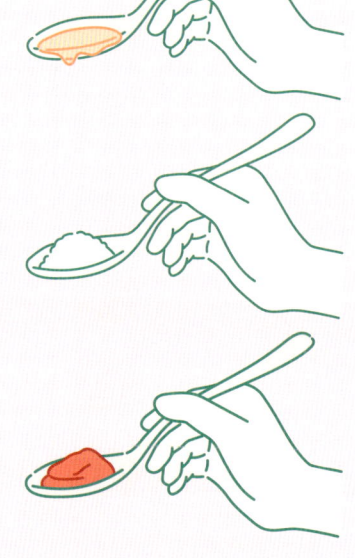

식용유 등 액체류 = 약 10g

고춧가루 등 분말류 = 약 7~8g

고추장 등 페이스트류 = 13~15g

1종이컵 = 180ml

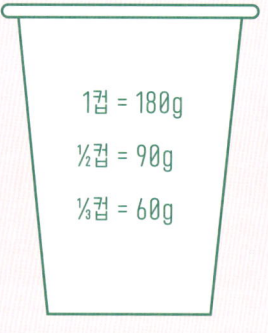

1컵 = 180g

½컵 = 90g

⅓컵 = 60g

최근 종이컵 사이즈가 다양해지면서 180ml를 초과하는 종이컵이 많으니 유의하세요. 종이컵이 없고 계량저울이 있다면 1컵은 180g, ½컵은 90g, 1/3컵은 60g으로 환산해서 계량해도 됩니다.

계량저울이 없을 때
무게 가늠하기

① 어육류

소고기, 돼지고기, 닭고기 등 육류 100g

= 도톰한 닭 가슴살 1덩이 정도 크기 또는 작은 여자 손 사이즈

칵테일 새우 또는 껍질 제거한 새우 1마리 = 25~30g

생선(고등어 삼치 기준) 100g = 대략 15cm

② 채소

양파 1개 = 250~300g

오이 1개 = 250g

마늘 1톨 = 5g

토마토 1개 = 100~150g

방울토마토 1개 = 10g

파프리카 1개 = 70~80g

표고버섯 1개 = 20g

깍둑 썬 당근, 감자, 단호박 100g = 1종이컵

양상추 150g = 국공기 1그릇

말린 콩 30g = 0.3종이컵

밥 ⅔공기(150g) = 1.2종이컵

밥 ½공기(100g) = 0.9종이컵

밥 ⅓공기(70g) = 0.5종이컵

③ 기타

모차렐라 치즈 80g = 0.8종이컵

아몬드 20g = 10알

저탄수 식단
4주간
반드시 피해야 할 것

① 설탕이나 과당이 들어간 음료, 아이스크림

마트나 편의점, 카페 등에서 구매할 수 있는 음료나 아이스크림은 대부분 설탕과 과당이 아주 높은 비율로 포함되어 있어요. 원재료명을 잘 살펴보고 설탕, 과당이 들어간 음식은 피하세요.

② 밀가루나 쌀 함량이 높은 과자, 빵, 떡

밀과 쌀은 아주 효율적인 탄수화물 공급 식품이에요. 조금만 먹어도 그날 허용 탄수화물 섭취량을 쉽게 넘기죠.

③ 면 요리, 볶음밥 등 탄수화물이 메인인 음식

당연한 이야기지만 외식을 할 때 면이나 밥이 메인인 음식은 저탄수 식단에서 피해야겠죠?

④ 음주는 최대한 절제

알코올 섭취 자체는 저탄수 식단에 아주 큰 영향을 주지는 않지만 추가적인 칼로리를 발생시키므로 지방이 연소되는 것을 막아요. 따라서 체중 감소가 급한 분일수록 멀리하면 좋습니다.

저탄수 식단
3일 전
준비해야 할 것

1 필요한 재료 구매하기

온라인으로 구매해야 하는 식품은 미리 확인하고 주문하기

2 집에 있는 고탄수화물 식품 치우기

과자, 빵, 달달한 음료, 라면 등

3 운동 루틴 짜고 시작하기

본인 컨디션에 맞게 최소 주 2회 스트레칭부터 웨이트 트레이닝까지 자유롭게 선택하세요. 식단을 시작하기 전 며칠이라도 먼저 운동을 시작하는 것이 마음을 다잡는 데 도움이 돼요.

영양 성분표
보는 방법

영양정보	총 내용량 300g 100g당 50kcal
100g당	1일 영양성분 기준치에 대한 비율
나트륨 00mg	00%
탄수화물 00g	00%
당류 00g	
지방 00g	00%
트랜스지방 00g	
포화지방 00g	00%
콜레스테롤 00mg	00%
단백질 00g	00%
1일 영양성분기준치에 대한 비율(%)은 2000kcal 기준이므로 개인의 필요 열량에 따라 다를 수 있습니다.	

총 내용량과 100g당 칼로리

예를 들어 총 내용량은 300g이고 그 밑에 '100g당 50kcal'라고 적혀 있다면 전체 칼로리는 150kcal입니다. 가끔 100g당 혹은 1포장당 칼로리를 전체 칼로리로 오인하는 경우가 있으니 주의하세요.

탄수화물 함량

가장 주의 깊게 살펴봐야 할 부분이죠. 탄수화물이 100g당 몇 g이 들어 있는지, 하루 먹어야 할 총 탄수화물 대비 몇 %가 들어 있는지 쓰여 있습니다. 이 탄수화물 값은 식이 섬유, 당류를 모두 포함합니다. 체내에서 거의 소화되지 않는 식이 섬유뿐 아니라 당류로 분류되는 0kcal 감미료(알룰로스)도 모두 탄수화물에 포함되어 표시되죠. 결국 순탄수화물 값은 표에서 보이는 탄수화물 값과는 다르답니다. 즉 '순탄수화물 = 탄수화물 - 식이 섬유 - 0kcal 감미료' 값이 바로 칼로리를 내는 진정한 탄수화물 함량입니다.

저탄수 식단
Q&A

Q 저탄고지 식단은 양 제한 없이 먹어도 살이 빠진다고 알고 있는데, 왜 칼로리를 제한했나요?

A 제 경험상 저탄고지 식단을 하면서 배부르게 삼겹살을 먹고도 체중이 빠진 사람은 비만 또는 고도비만에 가까운 사람들 뿐이었어요. 본인이 정상 체중에 가깝고 비키니를 입어도 부끄럽지 않은 몸매를 추구한다면 삼겹살을 폭식하는 식단으로는 목표를 달성하기 어렵다는 것이 제 생각입니다. 물론 충분한 운동이 수반된다면 가능성이 있겠지만 저는 이 책을 읽는 분들께 운동도 같이 해야만 한다는 전제 조건을 달기보다는 최대한 식단 변화만으로 목표에 도달할 수 있도록 돕기 위해 칼로리 제한을 두었습니다. 사람에 따라서는 너무 적은 양의 식사일 수도 있어 식단 소개 앞부분에 추가로 먹어도 되는 것에 대한 안내를 해놓았으니 너무 걱정하지 마세요.

Q 근 손실이 걱정이에요. 최대한 막을 수 있는 방법이 있을까요?

A 근 손실을 막기 위해서는 운동 전후로 약간의 탄수화물과 단백질을 챙겨 먹는 것이 좋아요. 운동 전에는 과일주스 100ml, 운동 후에는 흰 우유 200ml에 꿀 1스푼 또는 바나나 ½개(50g)를 드세요. 참고로 걷기와 스트레칭같이 강도 약한 운동 후에는 굳이 챙겨 드실 필요 없어요. 그리고 유산소보다는 무산소 운동(근력운동) 후에 드시는 것이 의미 있습니다.

Q 지난주 식단에 있던 메뉴를 먹어도 되나요? 칼로리는 비슷해요.

A 네, 그렇게 하셔도 돼요. 매번 새로운 요리를 하는 것은 사실 쉬운 일이 아니죠. 마음에 들었던, 혹은 만들기 편해서 좋았던 메뉴가 있다면 비슷한 칼로리 내에서 다른 메뉴로 선택해서 드셔도 됩니다.

Q 채소밥, 곤약밥 등을 만들기가 귀찮아요. 일반 밥으로 먹으려면 어떻게 해야 하나요?

A 탄수화물 함량을 고려했을 때 저탄수밥을 일반 밥으로 환산하면 150g은 일반 밥 100g, 저탄수밥 100g은 일반 밥 70g으로 대체할 수 있어요. 일반 밥으로 드실 때는 흰쌀밥보다는 되도록 잡곡밥 또는 현미밥을 드셨으면 좋겠어요.

Q 아침을 잘 안챙겨 먹는 편이에요. 생략해도 될까요?

A 아침 식단을 생략하면 하루 섭취 칼로리가 너무 적어져서 문제예요. 하지만 그렇다고 안 먹던 아침을 먹자니 그것도 귀찮은 일이겠죠? 그러니 아침 식단을 아예 빼지 말고 점심이나 저녁에 포함시켜서 드시는 걸 추천합니다.

Q 세 끼 다 하긴 어려운데 한 끼나 두끼만 해도 될까요?

A 직장 생활을 하고 있거나 학생이라 식단에 신경 쓰기 어렵다면 세 끼 모두 스스로 준비해서 먹기는 정말 어려울 거예요. 그런 경우 한 끼 또는 두 끼만 저탄수 식단을 하되 그 외의 식사에서 탄수화물 식품을 최대한 피하는 방향으로 하고 지나친 과식은 금물이라는 것을 기억하세요!

Q 0kcal 감미료가 많은데, 그중 알룰로스를 사용하는 이유가 뭔가요?

A 다른 저칼로리 감미료가 많지만 알룰로스를 택한 건 우리 입에 친숙한 설탕과 가장 가까운 맛을 내면서 안정성도 인정받았기 때문이에요. 대체 감미료는 많이 섭취하면 복부팽만, 설사 등을 유발할 가능성이 높은데, 그중에서 이런 불편을 겪을 확률이 낮고 2020년 미국 FDA에서 '안전 원료 인증(GRAS)'을 받았거든요.

Q 여러 요리를 하려니 재료 구매하기가 부담스러워요. 일주일 내내 한 가지 메뉴로만 하면 안 될까요?

A 네, 그래도 좋아요. 아침 메뉴 네 가지 중 하나, 점심 메뉴 중 하나, 저녁 메뉴 중 하나를 선택해서 매일매일 같은 식단을 하셔도 좋아요. 대신 그다음 주에는 새로운 식재료가 들어간 메뉴를 선택해주세요. 다양한 음식을 섭취하는 것이 비타민, 무기질이 부족해지지 않게 하는 방법이거든요.

저탄수 식단
본격적으로 준비하기

필수 기본 재료

🗋 버터

계량하기 쉽도록 10g 또는 20g씩 소분된 걸 구매하면 좋아요. 가염 버터 혹은 식물성 기름을 굳혀 만든 버터는 안 돼요. 원유(우유) 함량이 100%에 가까운 것을 선택해주세요(추천 버터 p.36 참고).

🗋 참기름, 들기름

참깨 혹은 들깨를 압착해 얻는 기름이죠. 들기름이 참기름보다 오메가3 함량이 높지만 그만큼 산패하기 쉬우므로 구매 후 빨리 섭취해야 하고 냉장 보관이 필수랍니다. 참고로 들기름, 참기름은 되도록 가열하지 않고(볶거나 튀기는 데 사용하지 않고) 먹어야 합니다.

🗋 견과류

고지방 식단에서 자주 볼 식재료인 견과류도 미리 준비해두면 좋아요. 견과류는 호두, 아몬드, 땅콩, 피스타치오 등 종류가 다양한데, 이 중 호두가 탄수화물 함량이 가장 적고 지방 함량이 높은 편에 속합니다(추천 견과류 p.37 참고).

🗋 닭 가슴살(안심)

저탄고단 식단에서 자주 출몰하는 식재료예요. 그래서 되도록 저렴하고 오래 두고 먹을 수 있는 냉동 닭 가슴살을 추천합니다. 생 닭 가슴살은 냉장 온도에서 생각보다 빠르게 상하거든요. 그리고 닭 가슴살의 퍽퍽함이 싫다면 닭 안심으로 대체해도 좋아요. 영양 성분은 거의 비슷한데 훨씬 부드럽죠.

🗋 알룰로스

알룰로스는 대체 감미료 중 하나로 100g당 칼로리가 약 5kcal입니다. 설탕이 100g당 약 380kcal를 내는 것을 생각하면 거의 0kcal에 가깝다고 볼 수 있죠(추천 알룰로스 p.36 참고).

재료 손질법

채 썰기
얇고 길게 써는 것을 의미합니다. 먹을 때 불편하지 않도록 손가락 길이를 넘기지 않는 것이 좋습니다.

다지기
믹서나 칼을 이용해 잘게 뭉개는 것을 의미합니다. 상황에 맞게 아주 잘게 다지거나 식감이 살아 있도록 적당히 다져도 좋습니다.

깍둑썰기
주사위 모양으로 써는 것을 의미합니다. 크기는 취향에 맞게 하되, 1~2cm로 써는 것이 먹기에 좋습니다.

슬라이스하기
회를 뜨듯 얇고 넓적하게 써는 것을 의미합니다. 너무 얇게 썰려고 하다가 잘못하면 다칠 수 있으니 적당한 두께로 썰고 칼 사용에 주의하세요.

으깨기
부드러운 식재료를 도구나 손을 이용해 되직한 반죽처럼 만드는 것을 의미합니다.

재료 보관법

직사광선을 피해 서늘한 곳에 보관할 식품

고구마, 견과류, 바나나, 콩, 쌀, 대부분의 조미료

냉장 보관 권장 식품

달걀, 두부, 양파, 마늘, 양상추, 양배추, 토마토, 버섯, 무, 푸른 잎 채소, 두유, 우유, 요거트, 들기름

냉동 보관 권장 식품

육류, 해산물, 밥, 빵, 한번 익힌 콩, 버터, 치즈, 생강, 다진 마늘, 블루베리, 고춧가루

냉동 보관 가능한 식품

청양고추, 브로콜리, 콜리플라워, 당근, 단호박, 감자, 대파

당근, 감자, 고구마, 생강 등 흙이 묻은 채 판매하는 식재료는 그대로 보관해야 신선도가 더 오래 유지돼요. 양파, 마늘 등 껍질이 있는 식재료도 껍질째 보관하는 것이 신선도가 더 오래 유지돼요.

조금 더 날씬하게 먹기 위한 재료

파스타, 국수 등에 들어가는 면을 대체할 수 있는 식품

(채 썬) 양파, 양배추, 팽이버섯, 새송이버섯, 곤약 면

볶음밥이나 죽에서 쌀을 대체할 수 있는 식품

(밥알 크기로 다진) 무, 콜리플라워, 우엉, 연근, 새송이버섯, 양배추, 감자

샐러드 드레싱 칼로리 순서

발사믹(180kcal) < 오리엔탈(210kcal) < 키위 드레싱(260kcal) < 허니 머스터드 (280kcal) < 흑임자(320kcal) = 랜치(320kcal) < 시저(530kcal)

*제조사에 따라서 조금씩 차이 날 수 있어요.

도시락 통 고르는 팁

플라스틱보다는 스테인리스 스틸 제품

플라스틱 재질 도시락은 음식의 색이나 냄새가 배어들기 쉬워 몇 차례 사용하고 나면 설거지를 해도 없어지지 않는 흔적 때문에 사용이 꺼려집니다. 따라서 조금 비싸더라도 음식의 향이나 색이 배지 않고 위생적인 스테인리스 스틸 제품을 구매하시는 것이 좋아요.

최소 3개 공간으로 나누어진 제품

밥과 반찬 등을 서로 섞이지 않게 담으려면 최소 3개의 공간으로 나뉜 제품을 구매하는 것이 좋아요. 또 각각의 구간이 뚜껑을 덮으면 밀봉되어 국물 등이 새지 않는지도 꼭 체크하셔야 합니다. 밥과 반찬이 섞이는 경우 드실 때 미관상 좋지 않을뿐더러 찬 반찬과 따뜻한 밥이 만나면 세균이 번식하기도 쉬워지거든요.

자주 쓰는 가방을 고려해서 모양 선택

도시락은 위로 긴 원통형과 납작한 사각형이 가장 흔합니다. 둘 중 어떤 것이든 상관없지만 본인이 도시락을 넣고 다니는(평소 자주 쓰는) 가방의 모양을 고려해서 구매하세요. 가방 바닥에 평평하고 넓게 사각형 모양의 도시락을 놓을 수 없는 가방(ex. 얇고 넓적한 에코 백)이라면 원통형 가방을 쓰는 것이 좋습니다.

저탄수 식단
추천템

☐ 슬림 스낵 카페 음료 베이스

제가 개발·생산하고 있는 무설탕 카페 음료 베이스예요. 다이어트 상담을 하면서 때론 기름진 음
식보다도 달달한 음료가 최고의 적이 될 수 있다는 걸 깨닫곤 개발을 시작했죠. 설탕 대신 알룰로
스로 맛을 낸 밀크티, 초코라테, 말차라테가 있어요.

- 밀크티 베이스(얼그레이, 루이보스, 허니부시) 40ml당 칼로리 0kcal, 탄수화물 17.7g(알룰로스 15g), 단백질 0g, 지방 0g
- 말차라테 베이스 40ml당 칼로리 14kcal, 탄수화물 22g(알룰로스 20g), 단백질 1g, 지방 0g
- 초코라테 베이스 40ml당 칼로리 37kcal, 탄수화물 19g(알룰로스 17g), 단백질 1g, 지방 3g

☐ 스타부르 고등어

몸에 좋은 지방인 오메가3가 들어 있어 저탄수 식단에 활용하면 참 좋아요. 토마토소스에 버무려
져 있어서 샌드위치나 파스타에 넣어도 아주 좋아요. 참치보다 깊은 감칠맛이 있어요.

- 100g당 칼로리 253kcal, 탄수화물 3g, 단백질 13g, 지방 21g

☐ 수키 저당질 치즈 케이크

아몬드 가루를 사용해 만든 치즈 케이크예요. 달달한 디저트가 먹고 싶을 때 추천해요.

- 100g당 칼로리 314kcal, 탄수화물 24g(순탄수화물 8g), 단백질 9g, 지방 26g

☐ 큐원 트루스위트 알룰로스

순수 알룰로스에 비하면 올리고당 등을 첨가해 칼로리가 조금 높지만 마트에서 쉽게 구할 수 있다
는 것이 장점이에요.

- 100g당 칼로리 30kcal, 탄수화물 74g(알룰로스 67g), 단백질 0g, 지방 0g

☐ 마이노멀 알룰로스

탄수화물 함량이 좀 더 낮은 알룰로스를 찾는다면 이 제품이 괜찮아요. 인터넷 주문을 해야 한다
는 것과 조금 높은 가격이 단점이지만 개인적으로는 좀 더 추천한답니다.

- 100g당 칼로리 8kcal, 탄수화물 72g(알룰로스 70g), 단백질 0g, 지방 0g

☐ 알라 크림치즈

20g씩 소분되어 있어 위생적이고 계량이 간편해 요리에 활용하기 좋아요. 간혹 크림치즈 중 유청
이 들어간 제품이 있는데, 이 제품은 그렇지 않아서 탄수화물이 0g에 가까워요.

- 20g당 칼로리 50kcal, 탄수화물 0.2g, 단백질 1g, 지방 5g

☐ 페이장브레통 버터

식물성 기름 없이 유크림으로만 만든 버터이고 가격도 저렴한 편입니다. 무엇보다 10g씩 소분되어
있어 버터를 계량하기가 편리하다는 것이 장점이에요. '방탄커피' 만들 때 1~2조각씩 넣으면 되죠.

슬림 스낵 카페 음료 베이스

□ 산과들에 아몬드/호두

먹기 좋게 한 봉지씩 소분된 견과류의 단점은 원치 않는 건과일이 섞여 있다는 것인데, 이 제품은 순수하게 아몬드 또는 호두만 담아서 소분되어 있어요.

□ 슈퍼너츠 무설탕 땅콩버터

땅콩버터에 설탕을 넣은 제품이 많은데, 이 제품은 설탕뿐 아니라 그 어떤 것도 첨가하지 않은 볶은 땅콩 100%로 만들어요.

□ 코코엘 MCT 코코넛 오일

방탄 커피의 버터가 질릴 때쯤 시도해보세요. 체내에서 활용도가 높은 중쇄지방산이 많이 들어 있어요.

□ 무화당 저탄수 고단백 파스타

저탄수 식단을 하면서 힘든 것 중 하나가 면을 끊는 것일 텐데, 이 제품은 그 고민을 해결해줘요. 탄수화물이 대부분인 기존 파스타와 달리 단백질이 55%를 차지한답니다.

• 100g당 칼로리 334kcal, 탄수화물 25g(순탄수화물 18.2g), 단백질 55g, 지방 1.6g

□ 닥터키친 바른 고추장

쌀가루와 물엿, 설탕 대신 콩가루와 알룰로스를 사용해 저탄수를 실현한 고추장이에요. 레시피 북에 있는 고추장을 만들기 번거롭다면 이 제품을 활용해보세요.

• 100g당 칼로리 90kcal, 탄수화물 26g(알룰로스 19g), 단백질 7g, 지방 3.6g

□ 스윗로직 컵케이크

저탄수 식단의 또 다른 장애물은 바로 빵. 이 컵케이크 믹스는 밀가루 대신 아몬드 분말을 넣었어요. 전자레인지만 있으면 후다닥 만들 수 있는 빵으로 키토 식단을 하는 분들에게 한줄기 빛이 되어주죠.

□ 솔직단백바

카카오, 녹차, 밀크티 등 다양한 맛이 있고 성분과 원재료가 착한 프로틴 바예요.

• 카카오 맛 20g당 칼로리 50kcal, 탄수화물 18g(알룰로스 5g, 식이 섬유 11g), 단백질 14g, 지방 6g

□ 아이즈 프로틴 바

은은하게 단 걸 좋아하는 제 입맛에 딱 맞았던 프로틴 바예요. 굉장히 밀도 있는 쫀득함이라 씹는 맛은 물론 포만감도 좋아요.

• 카카오 맛 57g당 칼로리 135kcal, 탄수화물 22g(알룰로스 16g, 식이 섬유 4g), 단백질 21g, 지방 5g

후다닥 저탄수!
편의점 추천템

바빠서 저탄고지/저탄고단 식단의 메뉴를 준비하지 못한 경우 편의점 다이어트 식단을 활용하면 좋아요. 저탄수이면서 적당량의 단백질과 지방으로 구성된 300~400kcal 편의점 식단을 소개 합니다. 특정 편의점에서만 판매하는 PB 상품도 있으니 잘 확인해주세요.

300kcal — 닭 가슴살(하림 또는 아워홈) 110g + 방울토마토 200g + 흰 우유 200㎖

310kcal — 스노우 크랩 140g + 덴마크 스트링 치즈 2개 + 매일 두유 99.89 190㎖

320kcal — 훈제 닭 가슴살 샐러드 + 흰 우유 200㎖ + 반숙란 2개

330kcal — 견과류 25g + 흰 우유 200㎖ + 훈제란 2개

340kcal — CJ모닝두부 + 견과류 25g + 매일 두유 99.89 190㎖

350kcal — 덴마크 스트링 치즈 2개 + 그릭슈바인 닭 가슴살 후랑크 + 매일 두유 99.89 190㎖

360kcal — 셀렉스 웨이 프로틴 드링크 + 상하치즈 mini 체다치즈 4조각 + 견과류 20g

370kcal — 매일 바이오 플레인 요거트 150g + 상하치즈 mini 크림치즈 4조각 + 훈제란 2개

370kcal — 뭉개뭉계란(콘감자/GS25) + 아몬드브리즈 오리지널

380kcal — 버터커피(GS25) + 훈제란 2개 + 바나나 1개

스타벅스 음료
추천템

어딜 가나 볼 수 있는 스타벅스. 평소 커피 애호가인 다이어터라면 그냥 지나치기가 쉽지 않죠. 그래서 스타벅스 음료의 당 함량 순위를 알려드리려고 해요. 유혹에 이기지 못했을 때 되도록이면 당 함량이 적은 메뉴를 선택하세요. 물론 가장 좋은 것은 달달한 음료는 마시지 않는 거란 사실, 아시죠? 참고로 모든 음료는 그란데 사이즈부터 있는 메뉴 일부를 제외하고는 모두 톨 사이즈 기준으로 비교했어요. 그리고 시즌 메뉴는 제외하고 순위를 매겼으니 참고해주세요.

*아이스 음료 기준입니다. 또 아메리카노, 티 같은 50kcal 미만 음료는 제외했어요.

당 함량 높은 순위

	메뉴	당 함량
1	초콜릿 바나나 블렌디드	60g
2	유지 민트티	58g
3	딸기 요거트 블렌디드	57g
4	딸기 크림 프라푸치노	54g
5	자몽 셔벗 블렌디드	51g
6	화이트 초콜릿 모카 프라푸치노	46g
7	화이트 초콜릿 모카	45g
8	핑크 자몽 피지오	43g

당 함량 낮은 순위

	메뉴	당 함량
1	카푸치노	8g
2	바닐라 크림 콜드브루	11g
3	카페라테	13g
4	스타벅스 더블샷	14g
5	블랙티 레모네이드, 패션 탱고티 레모네이드	17g
6	리저브 바닐라 빈 라테	21g
7	에스프레소 프라푸치노, 캬라멜 마끼아또	22g
8	바닐라 플랫화이트	23g

저탄수 식단 준비하기

A

저탄수 밥 만들기

한국인은 밥심으로 산다는 말이 있죠. 그만큼 저탄수 식단을 하면서 참기 힘든 것이 '밥'인데, 채소와 곤약 등을 활용해 탄수화물이 적은 밥 만드는 방법을 알려드릴게요.

B

쟁여놓고 먹는 기본 소스 만들기

저탄수 식단을 한층 레벨업하는 소스를 만들어봅시다. 미리 만들어 냉장 보관하면 오래 두고 쓸 수 있으니 활용도도 높아요.

C

마음껏 곁들여도 좋은 밑반찬 만들기

저탄수 식단을 하더라도 채소는 넉넉하게 섭취해야 해요. 그래서 함께 곁들이면 좋은 설탕과 전분을 쓰지 않은 밑반찬 레시피를 알려드릴게요.

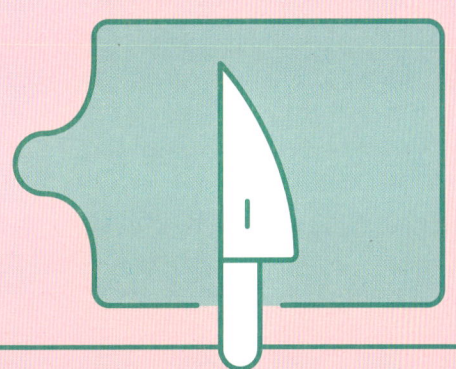

채소밥

저탄수밥 01 / 30 min / 짓기 / 냉동 보관(2주) / 152kcal

흰색 채소를 쌀과 같이 잘게 다져 듬뿍 넣은 밥으로 한눈에 보기에 흰쌀밥과 비슷해 먹기 좋은 것이 장점이에요.
백미밥에 비해서 칼로리는 33%, 탄수화물 함량은 32% 낮아요.

재료
쌀 250g
무 300g
양배추 200g
양파 200g

① 쌀은 흐르는 물에 씻은 뒤 체에 밭쳐둔다.

② 무, 양배추, 양파는 핸드 블렌더 혹은 칼을 이용해 밥알보다 조금 큰 크기로 다진다.
양배추는 겉부분의 얇은 잎보다는 안쪽의 굵은 심지를 쓰는 걸 추천해요.

③ 쌀, 무, 양배추를 밥솥에 넣고 물을 1.5종이컵 붓는다.

④ 취사를 시작하고 밥이 다 되면 다진 양파를 넣고 섞은 뒤 10분 정도 뜸을 들인다.
양파는 열이 가해지면 금방 무르기 때문에 마지막에 넣는 것이 좋아요.

⑤ 밥솥에서 꺼내 한 김 식힌 뒤 7등분해 냉동 보관한다(150g씩).

(150g당)
순탄수화물 – 32g
지방 ——— 0.2g
단백질 ——— 3.2g
나트륨 ——— 8mg
식이 섬유 —— 1.4g

(NOTE) 무나 양배추 같은 채소 대신 콩이나 수수 등 잡곡을 추가해선 안 돼요. 당일 먹을 양을 제외하고는 모두 냉동 보관해주세요.
밥솥에 오래 두면 채소가 갈색으로 변하면서 밥맛이 떨어진답니다.

곤약밥

저탄수밥 02 / 30 min / 짓기 / 냉동 보관(2주) / 133kcal

대표적인 0kcal 식품인 곤약은 포만감을 주면서 탄수화물 섭취를 대폭 줄여줄 수 있는 아주 좋은 식재료입니다.
특유의 탱글한 식감이 쫀득한 쌀과 잘 어울려요. 백미밥에 비해서 칼로리는 42%, 탄수화물 함량은 38% 낮아요.

재료
찹쌀 200g
판형 곤약 800g
(충전수 제외 무게)
식초 3스푼

① 곤약은 핸드 블렌더나 칼을 이용해 밥알 크기로 자른다.

② 약 1L의 물에 식초 3스푼을 넣고 다진 곤약을 넣어 15분 이상 기다린다.
곤약 특유의 냄새를 빼기 위한 과정입니다. 15분 뒤에도 냄새가 빠지지 않는다면 새 물과 식초에 한번 더 담가주세요.

③ 흐르는 물에 곤약을 헹군 뒤 씻은 찹쌀과 물 ½종이컵을 섞어서 밥솥에 넣는다.
곤약에 찰기가 부족하기 때문에 멥쌀보다는 찹쌀을 이용해 만드는 것이 좀 더 식감이 좋아요.

④ 밥이 다 되면 한 김 식힌 뒤 6등분해 냉동 보관한다(150g씩).

(150g당)
순탄수화물 — 30g
지방 ——— 0g
단백질 —— 2.5g
나트륨 —— 3mg
식이 섬유 —— 3.2g

(NOTE) 시중에 파는 곤약쌀은 추천하지 않아요. 간혹 쌀가루를 많이 넣어 탄수화물 함량이 높은 것이 있고, 판형 곤약에 비해 가격이 비싸거든요. 또 밥솥에서 쪼그라드는 경향이 있어 쌀과의 비율을 맞추기도 쉽지 않아요.

버섯밥

저탄수밥 03 / 30 min / 짓기 / 냉동 보관(2주) / 151kcal

다양한 버섯을 넣어 만드는 밥으로 특유의 감칠맛이 좋습니다. 중년 이상의 어른들과 함께 식사할 때 내놓아도 좋아요.
백미밥에 비해 식이 섬유와 단백질 함량이 높고 칼로리는 33%, 탄수화물 함량은 30% 낮아요.

재료
쌀 250g
버섯 700g

① 쌀은 흐르는 물에 씻은 뒤 체에 밭쳐둔다.
현미를 사용해도 좋아요.

② 버섯은 깨끗이 손질한 뒤 핸드 블렌더 혹은 칼을 이용해 밥알보다 조금 큰 크기로 다진다.
생표고버섯, 새송이버섯, 느타리버섯, 양송이버섯 등 좋아하는 버섯을 두 가지 이상 선택해서 준비해주세요.

③ 쌀, 버섯, 물 1.2종이컵을 밥솥에 넣고 취사를 시작한다.

④ 밥이 다 되면 밥솥에서 꺼내 한 김 식힌 뒤 7등분해 냉동 보관한다(150g씩).

(150g당)
순탄수화물 – 31g
지방 ——— 0.4g
단백질 ——— 6g
나트륨 ——— 5mg
식이 섬유 —— 3.4g

(NOTE) 말린 버섯(표고, 목이 등)을 넣는다면 버섯의 양을 줄여야 해요. 생버섯 100g은 말린 버섯 15g과 동일하게 생각해야 하고,
말린 버섯 15g을 넣을 때는 물을 90㎖씩 더 추가해야 합니다.

소고기콩나물밥

저탄수밥 04 / 30 min / 짓기 / 당일 섭취 권장 / 222kcal

소고기와 콩나물을 듬뿍 넣어 밥 자체로 한 끼 식사가 완성되는 메뉴입니다. 백미밥에 비해서 탄수화물은 42%, 단백질과
지방 함량은 2배 이상 높아요. 탄수화물 위주인 다른 밥에 비해 탄·단·지 구성이 좋다는 점이 장점이에요.

재료
쌀 100g
콩나물 200g
다진 소고기 90g
참기름 1스푼

① 콩나물은 깨끗이 씻고 투명한 껍질을 제거한다.

② 끓는 물에 콩나물을 1분 정도 잠깐 데친다.

③ 달군 팬에 참기름 1스푼과 소고기를 넣어 함께 볶는다.

④ 쌀은 씻어서 밥을 짓고 취사가 완료되면 콩나물과 볶은 소고기를 넣고 섞은 뒤 10분간 뜸을 들인다.
현미를 사용해도 좋아요.

(150g당)
순탄수화물 — 28g
지방 ——— 7g
단백질 —— 11g
나트륨 —— 17mg
식이 섬유 — 1.1g

(NOTE) 콩나물은 한번 얼었다가 해동되면 흐물흐물하고 식감이 좋지 않기 때문에 되도록 당일 섭취하세요. 소고기는 지방이 많은
부위를 사용하면 안 돼요. 잘못하면 밥이 먹기 힘들 정도로 느끼해질 수 있어요.

감자밥

저탄수밥 05 / 30 min / 짓기 / 냉동 보관(2주) / 152kcal

감자는 흰쌀밥과 비교했을때 칼로리가 40%밖에 안 되는 의외로 착한 식품이에요. 채소밥, 곤약밥 등이 입맛에 잘 안맞거나
포만감이 적다고 느낄 때 감자밥을 시도해보세요. 흰쌀밥에 비해 칼로리와 탄수화물 함량이 28% 낮아요.

재료
쌀 150g
감자 700g

① 감자는 깨끗이 씻은 뒤 먹기 좋은 크기로 잘게 썰어둔다.
   썬 상태에서 10~15분간 물에 담가두면 전분을 일부 제거할 수 있어요.

② 쌀은 한번 씻고 감자와 함께 밥솥에 넣어 취사를 시작한다.
   물은 평소보다 적게 넣어주세요.

③ 취사가 완료되면 한 김 식힌 뒤 6등분해 냉동 보관한다(150g씩).

(150g당)
순탄수화물 – 34g
지방 —— 0.2g
단백질 —— 3.2g
나트륨 —— 8mg
식이 섬유 —— 1.4g

(NOTE) 초록빛이 돌거나 싹이 난 감자는 아린 맛을 동반한 독성이 있어요. 감자를 고를 때 주의하세요.

기본소스 01 라유(고추기름)

매운맛은 식욕을 억제해주는 효과가 있다는 것을 아시나요? 볶음 메뉴에 일반 식용유 대신 파, 마늘, 고추로 맛을 낸 라유를 사용한다면 풍미도 더 좋아지고 매콤한 맛이 다이어트도 도와줄 거예요.

필수 재료 식용유 500ml, 대파 2대, 마늘 15톨, 고춧가루 5스푼
추가하면 좋은 재료 생강 10g

① 대파는 손가락 길이로 썰고 마늘은 슬라이스해 준비한다.

② 냄비나 웍에 식용유와 대파, 마늘을 넣고 약한 불에서 천천히 가열한다.
카놀라유, 해바라기씨유를 추천하며 약한 불과 중간 불 사이를 유지하세요.

③ 대파와 마늘이 보글보글 튀겨지는 느낌이 나면 30초 뒤 불을 끈다.

④ 불을 끈 다음 1분 뒤 고춧가루를 넣고 10분 이상 기다린다.

⑤ 체에 밭쳐 기름 속 내용물을 모두 거른 뒤 병에 담아 냉장 보관한다.
고춧가루 입자가 작으니 체에 밭칠 때 키친타월을 올리면 좋아요.

NOTE 발연점이 낮거나 특유의 향이 강한 올리브 오일, 포도씨유, 참기름, 들기름은 사용하지 마세요. 불을 끄기 전에 고춧가루를 넣으면 고추가 타면서 라유의 품질이 급격히 떨어질 수 있어요. 꼭 불을 끈 뒤 고춧가루를 넣으세요.

92kcal (10g당)
순탄수화물 — 0g
지방 ——— 10g
단백질 ——— 0g
나트륨 ——— 0mg
식이 섬유 — 0g

기본소스 02 와사비마요

알싸하면서도 고소한 맛 때문에 많은 사람들의 사랑을 받고 있는 와사비마요 소스입니다. 와사비는 살균 효과가 있어 식중독을 예방해주고 고기나 생선의 잡내를 없애는 데도 도움이 되죠. 참치나 고등어가 포함된 식단에 한두 스푼 곁들인다면 훨씬 특별한 메뉴가 될 거예요.

필수 재료 와사비 15g, 마요네즈 100g

① 밥그릇에 와사비와 마요네즈를 분량대로 넣은 뒤 섞는다.
생와사비를 쓰는 것이 가장 맛이 좋지만 구하기 어렵죠. 마트에 있는 와사비를 구매한다면 생와사비(고추냉이) 비율이 높은 것을 구매하세요. 와사비 맛이 너무 강하다고 느낀다면 마요네즈 양을 좀 더 늘려도 좋아요.

② 용기에 옮겨 담은 뒤 밀폐해 냉장 보관한다.

NOTE 따뜻한 그릇에 재료를 넣고 섞으면 마요네즈가 투명하게 녹으면서 품질이 떨어집니다. 설거지를 막 끝낸 따뜻한 그릇은 피하고 와사비와 마요네즈를 섞자마자 빠르게 냉장 보관해주세요.

63kcal (10g당)
순탄수화물 — 0g
지방 ——— 6.7g
단백질 ——— 0g
나트륨 ——— 40mg
식이 섬유 — 0g

기본소스 03 토마토고추장

한국인의 소스에서 빼놓을 수 없는 고추장! 하지만 고추장에서 실제 고추는 10 ~15% 정도일 뿐 의외로 쌀가루가 많이 들어간다는 것 알고 있나요? 반면 토마토고추장은 탄수화물을 줄여줄 뿐만 아니라 염분도 적고 항산화 영양소인 라이코펜 함량까지 높아 몸에 이로운 고추장이랍니다.

필수 재료 토마토 페이스트 200g, 고추장 200g, 고춧가루 30g, 참기름 3스푼
추가하면 좋은 재료 다진 마늘 3~5스푼(추가한다면 갈색이 될 때까지 볶은 후 넣어주세요)

① 팬에 참기름을 넣고 토마토 페이스트와 물(180ml)을 넣은 뒤 약한 불에서 천천히 볶는다.
토마토 페이스트는 토마토 99% 이상인 것으로 구매하세요.

② 수분이 많이 날아가기 전에 고춧가루를 넣고 좀 더 볶는다.

③ 고추장다운 느낌의 농도가 되면 불을 끄고 고추장을 넣은 뒤 잔열에서 잘 섞어가며 볶는다.

(NOTE) 나트륨 함량이 거의 절반으로 감소하기 때문에 일반 고추장과 달리 오래 보관할 수 없어요. 또 토마토 페이스트가 아닌 생토마토로 만들면 안 돼요. 수분을 날리는 데 시간이 너무 오래 걸릴뿐더러 맛도 달라진답니다.

30kcal (15g당)
순탄수화물 — 6g
지방 ——— 1g
단백질 —— 0.6g
나트륨 —— 188mg
식이 섬유 —— 1.2g

기본소스 04 생강파기름

돼지고기 또는 소고기구이에 곁들이면 좋아요. 고기를 구울 때 한 스푼 슥 올려도 좋고 생강파기름에 소금과 후춧가루를 살짝 섞은 뒤 고기나 생선을 찍어 먹어도 참 맛있어요. 저탄고지 식단을 할때 지방 섭취량을 늘리고 싶다면 만들어서 종종 활용해보세요.

필수 재료 식용유 300ml(2종이컵), 대파 2대, 생강 50g

① 생강은 슬라이스하고, 대파는 손가락 길이로 썬다.

② 냄비나 웍에 식용유와 대파, 생강을 모두 넣고 약한 불에서 천천히 온도를 올린다.
발연점이 높은 카놀라유, 해바라기씨유를 추천해요.

③ 대파와 마늘이 보글보글 튀겨지는 느낌이 나면 1분 뒤 불을 끈다.

④ 기름이 식고 대파와 생강 향이 날 때까지 10분 이상 기다린다.

⑤ 체에 밭쳐 기름 속 내용물을 모두 거른 뒤 병에 담아 냉장 보관한다.

(NOTE) 발연점이 낮거나 특유의 향이 강한 올리브 오일, 포도씨유, 참기름, 들기름은 사용하지 마세요. 밀폐 용기에 담지 않을 경우 공기와 접촉하면서 산화가 빠르게 진행되고, 그로 인해 오래된 기름 냄새가 날 수 있어요.

92kcal (15g당)
순탄수화물 – 0g
지방 ——— 10g
단백질 —— 0g
나트륨 —— 0mg
식이 섬유 —— 0g

기본소스 05 **땅콩버터소고기장**

마제소바를 좋아하는 사람들에겐 어쩌면 익숙한 맛일 것입니다. 면뿐 아니라 밥에 비벼 먹어도 참 맛있어요. 곤약밥, 곤약면의 밋밋한 느낌이 싫을 때 반숙 란과 함께 이 마법의 소스를 곁들여봅시다.

필수 재료 토마토 페이스트 땅콩버터 2스푼(25g), 다진 소고기 300g, 다진 마늘 5스푼, 간장 4스푼, 라유 4스푼

① 달군 팬에 라유를 뿌리고 다진 마늘을 먼저 볶는다.
약한 불-중간 불을 유지하세요. 생강파기름 또는 일반 식용유로 대체해도 좋아요.

② 마늘이 갈색으로 변하기 시작하면 다진 소고기를 넣고 볶는다.

③ 소고기가 다 익으면 땅콩버터, 간장, 물 ½컵(90㎖)을 넣고 천천히 졸 인다.
설탕이 들어가지 않은 땅콩버터로 구매하세요.

④ 수분이 충분히 날아가면 불을 끄고 한 김 식힌 뒤 냉장(냉동) 보관한다.

27kcal (15g당)
순탄수화물 – 0.3g
지방 ——— 2g
단백질 ——— 3g
나트륨 —— 46mg
식이 섬유 ——— 0g

(NOTE) 냉동 보관할 때는 한번에 넣지말고 1회분씩 소분해서 넣어주세요. 그리고 해동할 때는 전자레인지에 돌리지 말고 상온 해동하는 것이 맛을 유지하는데 좋아요.

기본소스 06 **달래간장**

소고기 콩나물밥과 참 잘어울리는 간장이에요. 다들 집에서 한 번쯤은 만들어 봤을 친숙한 간장소스이기도 하죠. 달걀 프라이하고도 잘 어울려서 바쁠 때 활 용하면 좋아요.

필수 재료 달래 10뿌리(100g), 간장 ½종이컵(90㎖), 식초 ½스푼, 참기름 2스푼
추가하면 좋은 재료 청양고추 약간, 통깨 1스푼, 알룰로스 3스푼

① 달래는 깨끗이 씻어 1cm 정도 길이로 작게 썬다.

② 간장, 식초, 참기름, 물 ⅓ 종이컵(40㎖)을 한데 넣고 섞은 뒤 달래와 버무린다.

14kcal (10g당)
순탄수화물 – 1g
지방 ——— 1g
단백질 ——— 0.5g
나트륨 —— 204mg
식이 섬유 ——— 0.5g

(NOTE) 달래를 좋아한다면 양을 추가해도 좋아요

기본소스 07 **겨자간장**

겨자 간장소스는 부추나 채 썬 양파에 버무리면 구운 고기와 찰떡궁합이에요.
고깃집에서 간혹 볼 수 있는 소스이기도 하죠. 채소를 넉넉히 먹고 싶은데 딱히
즐기지 않는 편이라면 이 소스를 잘 활용해보세요.

필수 재료 겨자 1스푼(15g), 간장 ⅔ 종이컵(120㎖), 식초 1스푼
추가하면 좋은 재료 청양고추 약간, 알룰로스 3스푼

① 겨자, 간장, 식초 등 모든 재료를 넣고 섞는다.
　　가루 겨자를 사용할 때는 따뜻한 물에 먼저 푼 뒤 사용하세요.

② 밀폐 용기에 넣어 냉장 보관한다.

12kcal (10g당)
순탄수화물 — 2g
지방 ———— 0g
단백질 ——— 1g
나트륨 —— 441mg
식이 섬유 —— 0g

(NOTE) 겨자는 취향에 따라 양을 가감해도 좋아요.

기본소스 08 **라구소스**

파스타나 라자냐에 사용하는 소스예요. 토마토와 볶은 고기를 오랫동안 뭉근
히 끓여 완성하는데, 이때 고기의 감칠맛이 우러나와 깊은 맛의 토마토소스가
완성됩니다.

필수 재료 토마토 페이스트 150g, 다진 소고기 300g, 양파 1개, 마늘 8톨, 버터 30g,
파르메산 치즈 30g, 소금 약간, 후춧가루 약간

① 양파, 마늘은 곱게 다져서 준비한다.

② 프라이팬에 버터를 녹이고 다진 채소를 볶는다.

③ 갈색이 돌기 시작하면 소고기를 넣고 볶는다.

④ 고기가 다 익으면 물 2종이컵, 토마토 페이스트를 넣고 약한 불에서
　　끓인다.

⑤ 고추장 같은 농도가 되면 불을 끄고 파르메산 치즈를 섞은 뒤 소금, 후
　　춧가루로 간해 냉장 보관한다.

18kcal (10g당)
순탄수화물 – 1g
지방 ———— 0.8g
단백질 ——— 1.7g
나트륨 —— 19mg
식이 섬유 —— 0.2g

(NOTE) 다진 고기는 돼지고기와 소고기를 반씩 섞어도 좋아요.

기본소스 09 두부디핑소스

허기질 때 채소를 먹으면 도움이 된다는건 알고 있지만, 채소만 먹는 것이 너무 힘들다면 두부 디핑소스를 활용해보세요. 담백 고소한 맛이 채소를 더 맛있게 해줄 거예요.

필수 재료 두부 100g, 무가당 요거트 40㎖, 아몬드 5알
추가하면 좋은 재료 알룰로스 3스푼

① 두부는 면보에 넣고 꾹꾹 눌러 수분을 최대한 제거한다.
　　주르륵 흐르는 제형을 원한다면 수분을 많이 제거하지 않아도 돼요.

② 두부, 요거트, 아몬드를 믹서에 넣고 갈아준다.
　　설탕이나 과일이 들어가지 않은 요거트를 선택해주세요. 아몬드는 호두나 땅콩 등 다른 견과류로 대체해도 좋아요.

③ 밀폐 용기에 넣어 냉장 보관한다.

93kcal　(75g당)
순탄수화물 ── 2g
지방 ──────── 6g
단백질 ────── 7g
나트륨 ───── 15mg
식이 섬유 ─── 2.2g

(NOTE) 냉동 보관하면 안 돼요. 두부는 얼면 질겨지고 조직이 변해요.

기본소스 10 바질페스토

바질, 마늘, 올리브 오일을 주재료로 하는 바질페스토를 오일 파스타에 한 스푼 넣으면 풍미가 살아요. 불포화지방산이 풍부하기 때문에 육류(포화지방) 위주 식단을 하는 분들께 추천하는 소스입니다. 쌈장처럼 고기에 살짝 올려 먹어도 꿀조합이에요.

필수 재료 바질 100g, 올리브 오일 100g, 아몬드 50g, 파르메산 치즈가루 50g, 레몬즙 1스푼, 알룰로스 3스푼
추가하면 좋은 재료 레몬즙 1스푼, 알룰로스 3스푼, 소금 약간

① 바질은 끓는 물에 잠깐 데쳐낸다.
　　살균과 색 보존을 위한 과정입니다. 생바질은 온라인에서 구매할 수 있어요.

② 믹서에 모든 재료를 넣고 함께 간다.

③ 밀폐 용기에 넣어 냉장 보관한다.

70kcal　(10g당)
순탄수화물 ── 1g
지방 ────── 6.5g
단백질 ──── 1.4g
나트륨 ───── 43mg
식이 섬유 ─── 18g

(NOTE) 다진 마늘을 구매하면 안 돼요. 통마늘을 사용해주세요. 마늘을 너무 잘게 갈아놓으면 신맛이 새어 나와 전체적인 풍미를 떨어뜨릴 수 있어요.

밑반찬 01 **마늘초절임**

기름진 음식과 잘 어울리는 마늘초절임입니다. 절이는 과정에서 마늘의 매운 맛이 어느 정도 날아가기 때문에 생마늘보다 덜 자극적입니다.

필수 재료 마늘 300g, 식초 1 종이컵, 소금 ½스푼

① 식초, 소금, 물 2종이컵을 냄비에 넣고 끓인다.
　　 오래 끓일 필요 없이 끓기 시작하면 30초 내에 불을 꺼주세요.

② 마늘은 슬라이스해 준비한다.

③ 한 김 식힌 식초물과 마늘을 섞어 냉장 보관한다.

17kcal　　(15g당)
순탄수화물 ― 3.5g
지방 ―――― 0g
단백질 ――― 0.4g
나트륨 ―― 120mg
식이 섬유 ― 0.4g

(NOTE) 평소 위염이나 식도염이 있는 분들은 일주일 이상 숙성 후 드세요.

밑반찬 02 **생강초절임**

항균 효과가 있어 식중독을 예방할 수 있는 생강으로 만든 초절임이에요. 회나 초밥을 먹을 때 곁들이는 생강절임과 같다고 볼 수 있어요.

필수 재료 생강 300g, 식초 1 종이컵, 소금 ½스푼
추가하면 좋은 재료 비트(뿌리)

① 식초, 소금, 물 2종이컵을 냄비에 넣고 끓인다.
　　 오래 끓일 필요 없이 끓기 시작하면 30초 내에 불을 꺼주세요.

② 생강은 껍질을 벗기고 슬라이스해 준비한다.

③ 한 김 식힌 식초물과 생강을 섞어 냉장 보관한다.

6kcal　　(15g당)
순탄수화물 ― 1.2g
지방 ―――― 0g
단백질 ―――― 0g
나트륨 ―― 120mg
식이 섬유 ― 0.7g

(NOTE) 비트(뿌리) 조각을 조금 넣으면 핑크빛 초절임을 만들 수 있어요.

밑반찬 03 무설탕 피클

피클에는 생각보다 많은 설탕이 들어간다는 것 알고 계신가요? 약간의 단맛만 포기한다면 더 상큼하고 깔끔한 피클을 만들 수 있어요.

필수 재료 오이 2개, 식초 1 종이컵, 소금 ½스푼
추가하면 좋은 재료 무·할라피뇨(청양고추)·양파·통후추 약간, 알룰로스 ½ 종이컵

① 식초, 소금, 물 2컵을 냄비에 넣고 끓인다.
오래 끓일 필요 없이 끓기 시작하면 30초 내에 불을 꺼주세요.

② 오이는 굵은소금으로 박박 씻은 뒤 먹기 좋은 크기로 썰어서 준비한다.

③ 한 김 식힌 식초물과 오이를 섞어 냉장 보관한다.

14kcal (100g당)
순탄수화물 ─ 2g
지방 ───── 0g
단백질 ──── 1.2g
나트륨 ──120mg
식이 섬유 ── 0.7g

(NOTE) 더 시원한 맛을 원한다면 무를 깍둑 썰어 함께 절여도 좋아요.

밑반찬 04 저염 깻잎장아찌

깻잎, 마늘종, 고추 등으로 만들수 있는 장아찌 레시피예요. 오래 보관하기 위해 간장을 많이 넣어 짠 편이지만 1개월 이내에 먹는다면 조금 덜 짜게 만들 수 있어요.

필수 재료 깻잎 500g, 양조간장 ½종이컵, 식초 1종이컵, 알룰로스 1종이컵
추가하면 좋은 재료 마늘종·청양고추·양파 약간

① 간장, 식초, 알룰로스, 물 1.5종이컵을 냄비에 넣고 끓인다.
오래 끓일 필요 없이 끓기 시작하면 30초 내에 불을 꺼주세요.

② 깻잎은 깨끗이 씻은 뒤 물기를 잘 털어 말린다.
물기가 없을수록 좋아요.

③ 깻잎을 켜켜이 쌓아 올린 용기에 한 김 식힌 간장물을 붓고 냉장 보관한다.

50kcal (100g당)
순탄수화물 ─ 7g
지방 ───── 0g
단백질 ──── 5g
나트륨 ──550mg
식이 섬유 ── 5.7g

(NOTE) 마늘종, 청양고추, 양파등을 추가해도 좋아요

20kcal　(100g당)
순탄수화물 – 3.8g
지방 ——— 0g
단백질 —— 0.4g
나트륨 —— 120mg
식이 섬유 – 0.4g

밑반찬 05 저염 백김치

고염분 식사가 과식을 유도할 수 있다는 것 알고 계신가요? 따라서 한국인이 염분을 많이 섭취하게 되는 원인 중 하나인 김치의 염분을 낮춘다면 다이어트에 도움이 될 수 있어요. 저염 백김치는 일반 백김치에 비해 염분을 반으로 낮췄답니다.

필수 재료 배추 500g, 쪽파 150g, 무 150g, 청양고추 3개, 새우젓 2스푼, 굵은소금 1종이컵

①　무는 채 썰어서, 쪽파는 손가락 길이로 썰어서 준비한다.

②　깨끗이 씻은 배추와 손질한 무에 굵은소금을 고루 뿌려 30분~1시간 정도 재워준다.

③　절인 배추와 무를 흐르는 물에 한번 헹군 뒤 정제수에 30분 정도 담가 염분을 확실히 제거한다.

④　배추, 무, 쪽파, 청양고추, 새우젓을 한데 넣고 섞은 뒤 직사광선을 피해 상온에서 1~2일 숙성한 후 냉장 보관한다.

(NOTE)　새우젓이 없다면 멸치액젓으로 대체해도 좋아요.

60kcal　(100g당)
순탄수화물 —— 4g
지방 ———— 4g
단백질 —— 1g
나트륨 —— 200mg
식이 섬유 — 1.9g

밑반찬 06 천연 단맛 볶은 양파

샐러드에 올려도 좋고 샌드위치에 넣어도 좋은 볶은 양파입니다. 양파는 갈색이 될 때까지 볶으면 단맛이 나는데, 설탕을 쓰지 않고도 음식에 달달한 감칠맛을 더하는 건강한 방법입니다. 여러 요리에 곁들여보세요.

필수 재료 양파 2개, 올리브 오일 2스푼
추가하면 좋은재료 소금 약간

①　양파는 얇게 채 썰어 준비한다.
　　양파는 얇을수록 빨리 볶아집니다.

②　달군 팬에 올리브 오일을 뿌리고 채 썬 양파를 볶는다.
　　약한 불-중간 불을 유지하세요.

③　완전한 갈색이 될 때까지 천천히 볶는다.

(NOTE)　올리브 오일 대신 일반 식용유를 사용해도 좋아요.

밑반찬 07 **겨자소스부추무침**

겨자간장소스에 부추, 양파를 곁들인 밑반찬이에요. 고기와 함께 드셔도 좋고
느끼한 음식에 곁들여도 좋아요. 저탄고단, 저탄고지 식단에 가끔 활용하면 더
맛있는 다이어트를 하실 수 있어요.

필수 재료 겨자간장 ½종이컵(60㎖), 부추 150g, 양파 150g
추가하면 좋은 재료 청양고추 약간, 알룰로스 2스푼

47kcal　(100g당)
순탄수화물 – 　9g
지방 ――― 　0g
단백질 ――― 　3g
나트륨 ― 800mg
식이 섬유 ―― 　1g

① 　부추는 손가락 길이로 썰고 양파는 얇게 채 썰어 준비한다.

② 　겨자간장과 물 ½컵, 부추, 양파를 섞는다.

NOTE 간장 국물은 나트륨 함량이 높으니 드시지 않는 것이 좋아요. 부추, 양파만 건져 드세요.

4주 완성 제대로 저탄고지

PART 1

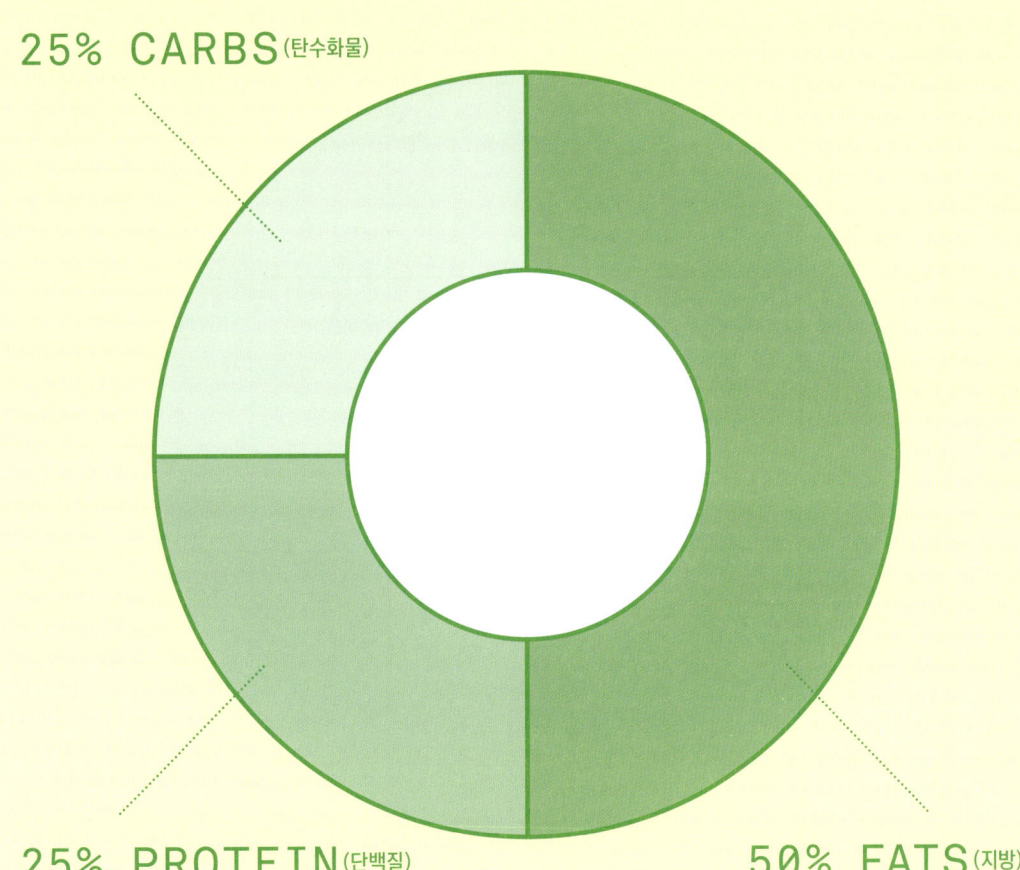

25% CARBS(탄수화물)

25% PROTEIN(단백질)

50% FATS(지방)

저탄고지 식단은 상대적으로 양이 적다는 느낌을 받을 수 있어요. 지방은 보통 음식에 녹아 있기 때문에 눈으로 보이지 않고, 탄수화물이나 단백질에 비해 열량이 높기 때문에 적은 양이 포함되어도 1일 필요 열량을 금세 채우기 때문이죠. 하지만 지방은 오래 지속되는 포만감을 줄 수 있으니 식단대로 드신 후 약간 부족하다는 느낌이 들더라도 잠시 기다려보세요. 식사를 마치고 10~20분 정도 지나면 지방이 선사하는, 묵직하게 오래가는 포만감을 느낄 수 있을 거예요.

운동 없이
6Kg 감량 4주 식단

운동을 하지 않아도 살이 빠지는 식단입니다. 다른 메뉴가 먹고 싶으시다고요?

걱정 마세요! 매 끼니별로 대체할 수 있는 비슷한 칼로리와 영양 성분의 메뉴를 함께 소개했으니, 입맛 따라 취향 따라 골라 드세요!

		MON	TUE	WED	THR	FRI	SAT	SUN
1주차 목표감량 -2kg	아침	간편식 1	간편식 1	치즈베이컨 샐러드	치즈베이컨 샐러드	간편식 2	간편식 2	아보카도 스무디
	점심	삼겹살 버섯볶음	베이컨 두부구이	베이컨 두부구이	갈릭닭날개조림	갈릭닭날개조림	자유식	자유식
	저녁	참치와사비 주먹밥	참치와사비 주먹밥	새우감바스	참치와사비 주먹밥	새우감바스	치즈버터 달걀말이	치즈버터 달걀말이
2주차 목표감량 -1.5kg	아침	간편식 1	간편식 2	코코넛바나나 스무디	코코넛바나나 스무디	비프샐러드	간편식 1	간편식 2
	점심	강된장비빔밥	강된장비빔밥	오리구이	오리구이	오리구이	자유식	달걀김밥
	저녁	곤약마제소바	등갈비김치찜	등갈비김치찜	마파두부덮밥	마파두부덮밥	매콤닭발볶음	매콤닭발볶음
3주차 목표감량 -1.5kg	아침	간편식 2	간편식 1	간편식 2	간편식 1	간편식 2	밀크아몬드 셰이크	밀크아몬드 셰이크
	점심	오트밀 크림수프	오트밀 크림수프	참치달걀죽	참치달걀죽	치킨치즈 토르티야롤	자유식	차돌박이 비빔국수
	저녁	차돌박이 부추볶음	차돌박이 부추볶음	차돌박이 부추볶음	베이컨브로콜리 오븐구이	베이컨브로콜리 오븐구이	감자비프그라탱	감자비프그라탱
4주차 목표감량 -1kg	아침	간편식 1	간편식 2	간편식 1	간편식 2	닭다리살 샐러드	닭다리살 샐러드	버터초코 셰이크
	점심	삼겹살보쌈	삼겹살보쌈	버터새우장덮밥	버터새우장덮밥	버터새우장덮밥	참치버섯전	참치버섯전
	저녁	연어버터구이	연어버터구이	스테이크덮밥	스테이크덮밥	돼지목살 마늘구이	돼지목살 마늘구이	새우크림파스타

☛ 4주 저탄고지 다이어트 완성을 위한 '7대 수칙'

1. **양념 육류는 먹지 않는다.**
   양념갈비, 불고기, 제육볶음 등 양념한 고기에는 설탕이 들어갈 확률이 높아요.

2. **당류가 10g 이상 포함된 음료는 마시지 않는다.**
   추천 음료 아메리카노, 녹차, 홍차, 허브티, 탄산수, 레몬수, 생강차, 무설탕 모히토

3. **배고플 땐 식단에 버터 또는 올리브 오일 10g을 추가한다.**
   예 방탄 커피 - 아메리카노 + 버터 10g

4. **외식은 최대 주 2회 이하로 제한한다(밥, 빵, 면은 최대한 섭취하지 않기).**
   외식 시 추천 메뉴 삼겹살, 목살, 보쌈, 족발, 막창(곱창)소금구이, 양꼬치, 튀김 옷이 얇은 옛날 치킨, 치즈 플레이트

5. **채소는 자유롭게 먹어도 좋다.**
   추천 채소 토마토, 오이, 파프리카, 양배추, 양상추, 콜리플라워, 브로콜리, 그 외 시금치 등 초록 잎 채소

6. **전분이 많은 채소는 식단에 포함된 것 외에는 먹지 않는다.**
   고구마, 감자, 단호박, 옥수수, 콩 등

7. **주 2회 정도는 고등어, 참치 등 해산물을 섭취한다.**
   고구마, 감자, 단호박, 옥수수, 콩 등

☛ 위기의 순간에 먹는 '200kcal 저탄고지 간식'

식단을 진행하는 중 배고픔이 극에 달하는 순간이 올 수 있어요. 그런 경우 가장 좋은 건 수분 섭취와 칼로리가 낮은 채소를 먹는 것이지만, 이런 것으로 해결되지 않는 경우도 있죠. 그래서 200kcal 저탄고지 간식을 알려드려요. 하루 한 번 아래 간식 중 하나를 택해 먹어보세요.

205 kcal	사워크림 70g + 아보카도 50g
188 kcal	크림치즈 20g + 아몬드 20g(10알)
198 kcal	무설탕 땅콩버터 2스푼(30g) + 당근 100g
175 kcal	스트링 치즈 1개(20g) + 견과류 20g
160 kcal	버터 20g + 무설탕 밀크티 시럽 30㎖(레시피 p.36) + 뜨거운 물 100㎖
181 kcal	버터 10g + 무설탕 초코 시럽 30㎖(레시피 p.36) + 뜨거운 우유 100㎖
200 kcal	저탄수 단호박치즈 케이크 100g(레시피 p.295) + 우유 200㎖

1 주 차

가볍게 시작하는 저탄고지

하루 섭취	**1,200kcal**
감량 목표	**−2kg**
핵심 목표	지방이 주는 포만감을 느끼며 적어진 식사량에 천천히 적응하기

Check List

1. 나는 식사 속도가 빠른 편이다.　　◯ 빠른 편이다.　　◯ 보통이다.　　◯ 느린 편이다.
2. 짜게 먹는 편이다.　　◯ 짜게 먹는 편이다.　　◯ 보통이다.　　◯ 싱겁게 먹는 편이다.
3. 아침에 멍하고 기운이 없는 편이다.　　◯ 그렇지 않다.　　◯ 가끔 그렇다.　　◯ 자주 그렇다.

1 식사 속도가 빠른 사람들은 과식하거나 식욕을 잘 조절하지 못하는 경향이 있습니다. 만약 식사량이 충분하지 않다고 느낀다면 천천히 먹는 연습을 해보세요. 수저를 들고 나서 최소 15분 동안 식사를 하는 것을 목표로 삼으세요. 천천히 먹는 것만으로도 많이 먹지 않아도 배부르다는 사실을 느낄 수 있을 거예요. 반면 식사 속도가 느린 편임에도 많이 먹는 스타일이라면 칼로리가 적지만 부피는 큰 식품을 식단에 포함시키는 것이 도움이 돼요. 정해진 식단을 천천히 먹고도 배가 고프다면 200kcal 간식과 채소를 활용하고 공복엔 수분을 충분히 섭취해주세요.

2 짜게 먹는 사람은 과식하는 경향이 있다는 보고가 있어요. 또 짜게 먹는 경우 불필요한 수분이 정체되면서 몸을 무겁게 만들고 체중이 더디게 빠진다고 느끼게 하죠. 반면 저염식을 하면 불필요한 수분이 빠지면서 몸이 가벼워지고 그에 따라 초반에 빠른 체중 감량을 경험할 수 있어요. 물론 이때 감량한 것은 체지방이 아닌 체수분이기는 하지만, 초반에 가벼워진 몸을 느끼며 다이어트 의지를 굳히기 때문에 좋은 변화랍니다. 따라서 이 책의 레시피는 일반식보다 약간 저염식으로 구성되었어요. 조금 심심한 것 같더라도 천천히 적응해 음식 본연의 맛을 즐기실 수 있기를 바랍니다.

3 아침에 기운이 없다면 일어나자마자 소량의 탄수화물을 섭취하는 것이 좋아요. 뇌와 근육은 3대 영양소 중 포도당을 우선적으로 사용하기 때문에 저탄수 식단이 아침 무기력감을 더 악화할 수 있거든요. 그래서 '자주 그렇다'를 선택하신 분들은 아침 식단 중 탄수화물의 함량이 가장 높은 메뉴를 선택하거나 그러기 어렵다면 일어나자마자 꿀 1스푼 먹는 것을 추천합니다. 꿀 1스푼을 먹어도 효과가 없다고 느낀다면 비타민 B 콤플렉스 영양제를 챙겨 먹는 것이 도움이 될 수 있어요.

나만의 1주 차 식단 짜기

식단은 준비 과정을 최소화하되 다양한 메뉴를 시도해볼 수 있는 선에서 계획했습니다. 일주일 내내 저녁으로 참치와사비주먹밥만 먹고 싶다면 그렇게 해도 괜찮아요. 다양한 음식을 먹는 것도 좋지만 지치지 않고 4주간의 여정을 완주하는 것이 더 중요하니까요!

☞ 전문가의 이번 주 추천 식단

하루에 요리를 최대 2회까지만 할 수 있도록 식단을 구성했어요. 또 하루 동안 육류, 해산물, 콩 등 다양한 단백질 식품을 통해 건강한 지방을 섭취할 수 있도록 고려했습니다. 이제 막 시작했으니 식단 적응하느라 힘들어하실 분들이 있을 것 같아 주말 점심은 자유식으로 했어요. 점심 자유식을 저녁으로 바꿔도 괜찮지만 저녁에 자유식을 하면 너무 풀어질 수도 있고, 기초대사량이 떨어지는 시간대라 점심에 자유식을 하는 것보다는 다이어트에 방해가 될 수 있어요. 또 평일에 피치 못할 식사 약속이 있어 식단을 따르지 못했다면 주말 자유식을 평일 식단과 바꿔도 괜찮아요. 단, 저탄고지 7대 수칙을 꼭 명심하세요(7대 수칙 p.59).

	MON	TUE	WED	THR	FRI	SAT	SUN
BREAKFAST	간편식 1	간편식 1	치즈베이컨샐러드	치즈베이컨샐러드	간편식 2	간편식 2	아보카도스무디
LUNCH	삼겹살버섯볶음	베이컨두부구이	베이컨두부구이	갈릭닭날개조림	갈릭닭날개조림	자유식	자유식
DINNER	참치와사비주먹밥	참치와사비주먹밥	새우감바스	참치와사비주먹밥	새우감바스	치즈버터달걀말이	치즈버터달걀말이

/////// 당일 요리가 필요한 메뉴

☞ 추천 식단대로 할 경우 해야 할 일

SUN	저탄수밥 7~8회분 만들어 냉동 보관	
MON	삼겹살버섯볶음 만들기	참치와사비주먹밥 3회분 만들기
TUE	베이컨두부구이 2회분 만들기	
WED	치즈베이컨샐러드 만들기	새우감바스 만들기
THR	치즈베이컨샐러드 만들기	갈릭닭날개조림 2회분 만들기
FRI	새우감바스 만들기	
SAT	치즈버터달걀말이 2회분 만들기	
SUN	아보카도스무디 만들기	

아침 고르기

1주 차 아침 메뉴 선택 전 반드시 알아야 할 '상식 사전'

Q 과일은 대부분 탄수화물로 구성되어 있어요. 하지만 몇몇 과일은 지방 함량이 높습니다. 어떤 과일이 지방 함량이 높을까요?

- ① 망고
- **②** 코코넛
- **③** 아보카도
- ④ 바나나
- ⑤ 수박

A 코코넛, 아보카도

과일 중 대부분이 지방 함량이 1% 미만인 반면, 코코넛은 무려 33%가 지방으로 구성되어 있고 아보카도는 18%가 지방이랍니다. 과일치고는 엄청난 함량이죠. 따라서 저탄고지 식단에 첨가하면 좋은 식재료랍니다.

마음대로 즐기는 '취향별 아침 레시피'

1. 요리할 시간이 없어요.
   ① 치즈베이컨샐러드　② 아보카도스무디　**③** 간편식 1　**④** 간편식 2

2. 아침에 기운이 없어요.
   ① 치즈베이컨샐러드　**②** 아보카도스무디　③ 간편식 1　**④** 간편식 2

3. 부피감 있는 메뉴를 원해요.
   ① 치즈베이컨샐러드　② 아보카도스무디　③ 간편식 1　④ 간편식 2

후보 1. 단백질로 하루를 시작하는 '든든형'

치즈베이컨샐러드 p.64

주재료	베이컨	영양성분 310kcal
소요 시간	5~10분	순탄수화물 18g
조리 방법	볶기	지방 19g 단백질 18g
예상 재료비	3,000원	나트륨 715mg 식이섬유 5.6g

후보 2. 아침마다 기운 없는 '피곤형'

아보카도스무디 p.65

주재료	아보카도	영양성분 340kcal
소요 시간	5~10분	순탄수화물 24g
조리 방법	삶기, 갈기	지방 23g 단백질 9g
예상 재료비	2,000원	나트륨 44mg 식이섬유 6.9g

내 맘대로
골라 먹는
1주 차 아침

후보 3. 아침이 언제나 바쁜 '간편식 1'

방탄커피와 아이들 p.65

주재료	달걀	영양성분 311kcal
소요 시간	5~10분	순탄수화물 8.4g
조리 방법	삶기	지방 24g 단백질 14g
예상 재료비	2,000원	나트륨 136mg 식이섬유 2.6g

후보 4. 아침이 언제나 바쁜 '간편식 2'

사워크림에 사과 빠졌네 p.65

주재료	사과	영양성분 310kcal
소요 시간	5~10분	순탄수화물 26g
조리 방법	깎기, 섞기	지방 20g 단백질 6.5g
예상 재료비	3,000원	나트륨 715mg 식이섬유 7.7g

치즈베이컨샐러드

고소한 치즈와 바삭하게 구운 베이컨을 올린 샐러드입니다. 베이컨과 치즈는 지방이 풍부할 뿐만 아니라 특유의 고소하고 짭짤한 맛이 있어 밋밋하기 쉬운 샐러드를 풍미 좋게 만드는 재료입니다.

재료
양상추 150g
슬라이스 치즈 1장
베이컨 80g
토마토 1개

양념&소스
오리엔탈 드레싱 ¼컵(30g)

추가하면 좋은 재료
채 썬 양파
파프리카
할라피뇨

곁들이면 좋은 밑반찬
무설탕 피클
볶은 양파

맛있는 다이어트
짭쪼름한 베이컨과 치즈
가 만나 밋밋하지 않은 샐
러드를 완성해줍니다.

① 양상추는 흐르는 차가운 물에 씻어 체에 밭쳐둔다.

② 달군 팬에 베이컨을 굽는다.
베이컨에서 나온 기름은 버리지 마세요. 타지 않게 중간 불에서 잘 뒤집어가며 구우세요.

③ 토마토는 먹기 좋은 크기로 썰어서 준비하고 베이컨을 구운 팬에 한번 익힌다.
양송이버섯으로 대체해도 좋아요.

④ 양상추, 토마토, 베이컨, 치즈 순으로 접시에 옮겨 담고 드레싱을 뿌린다.
발사믹 드레싱으로 대체해도 좋지만, 그 외 드레싱은 추천하지 않아요.

NOTE 드레싱은 종이컵 ¼분량만큼만 쓰세요. 평소처럼 너무 많은 드레싱을 넣으면 당분을 추가로 섭취하게 될 수도 있어요.

아보카도스무디

육류 위주 식사를 하기 쉬운 저탄고지 식단에서 식물성 지방이 많이 들어간 보기 드문 레시피예요.

재료 아보카도 100g, 병아리콩 20g, 우유 또는 무당 두유 100㎖, 물 200㎖
맛있는 다이어트 식물성 지방과 단백질이 풍부한 부드럽고 고소한 스무디입니다.

① 미리 삶아 냉동 보관해놓은 병아리콩을 준비한다.
통조림 병아리콩인 경우 40g을 준비해주세요.

② 병아리콩은 끓는 물에 소금 ¼스푼과 함께 넣고 푹 삶는다.

③ 한 김 식힌 뒤 나머지 재료와 함께 믹서에 넣고 간다.
아몬드 브리즈(언스위트)를 추가하면 비타민 E와 칼슘 섭취량을 늘릴 수 있어요.

간편식 1. 방탄커피와 아이들

바쁜 현대인을 위한 요리가 필요 없는 식단이에요. 간단하지만 달걀과 버터에 있는 지방이 든든한 아침 식사가 되어줄 거예요.

재료 버터 20g, 커피가루 1스푼, 삶은 달걀 2개, 토마토 1개

① 뜨거운 물 100㎖에 버터 20g과 커피가루를 넣은 뒤 잘 섞는다.
버터 대신 코코넛 오일로 대체해도 좋아요. 카페인에 민감한 분들은 디카페인, 홍차를 활용하세요.

② 나머지 식품과 함께 먹는다.

간편식 2. 사워크림에 사과 빠졌네

꾸덕한 요거트 같은 사워크림은 지방이 풍부한 유제품 중 하나예요. 사워크림에 사과와 견과류를 퐁당 찍어 먹으면 지중해식 아침 식사가 완성됩니다.

재료 사워크림 ½컵(50g), 사과 1개(200g), 견과류 20g(아몬드 10개, 호두 3알, 땅콩 15알)

① 사과는 먹기 좋게 썬다.
바나나 1개로 대체해도 좋아요

② 사워크림에 으깬 견과류를 넣는다.

③ ②에 사과를 찍어 먹는다.

점심 고르기

1주 차 점심 메뉴 선택 전 반드시 알아야 할 '상식 사전'

Q 다음 닭고기 부위 중 지방 함량이 가장 높은 부위는 어디일까요?

1. 닭 날개
2. 닭 다리
3. 닭 안심
4. 닭 가슴살
5. 닭 근위

A 닭 날개(100g당 지방 10g)

부드럽고 쫄깃한 식감이 매력적인 닭 날개는 껍질이 차지하는 부피가 커서 지방 함량이 높은 부위에 속해요. 따라서 저탄고지 식단에 활용하면 좋은 부위입니다.

마음대로 즐기는 '취향별 점심 레시피'

1. 씹는 맛이 있는 메뉴가 좋아요.
   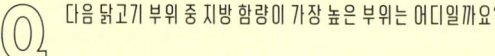 ① 대파등심스테이크 ② 삼겹살버섯볶음 ③ 베이컨두부구이 ④ 갈릭닭날개조림

2. 한번에 많이 만들어 둘 수 있는 편리한 메뉴를 원해요.
   ① 대파등심스테이크 ② 삼겹살버섯볶음 ③ 베이컨두부구이 ④ 갈릭닭날개조림

3. 푸짐해 보이는 메뉴를 먹고 싶어요.
   ① 대파등심스테이크 ② 삼겹살버섯볶음 ③ 베이컨두부구이 ④ 갈릭닭날개조림

후보 1. 손님대접으로도 손색없는 '파티형'

대파등심스테이크 p.68

주재료	소등심	영양 성분 459kcal	
소요 시간	20~30분		순탄수화물 30g
조리 방법	굽기		지방 25g
			단백질 31g
예상 재료비	4,000원		나트륨 265mg
			식이섬유 6.2g

후보 2. 포만감 보장하는 '든든형'

삼겹살버섯볶음 p.70

주재료	삼겹살	영양 성분 460kcal	
소요 시간	15~20분		순탄수화물 21g
조리 방법	볶기		지방 36g
			단백질 20g
예상 재료비	4,000원		나트륨 65mg
			식이섬유 10g

내 맘대로
골라 먹는
1주차 점심

후보 3. 누구나 쉽게 하는 '뚝딱형'

베이컨두부구이 p.72

주재료	베이컨	영양 성분 440kcal	
소요 시간	10~15분		순탄수화물 16g
조리 방법	굽기		지방 28g
			단백질 31g
예상 재료비	3,000원		나트륨 525mg
			식이섬유 5.8g

후보 4. 남녀노소 즐기는 '집 반찬형'

갈릭닭날개조림 p.74

주재료	닭 날개	영양 성분 460kcal	
소요 시간	5~10분		순탄수화물 31g
조리 방법	조림		지방 21g
			단백질 37g
예상 재료비	3,000원		나트륨 602mg
			식이섬유 5g

소등심 | 대파등심스테이크

대파, 마늘, 버터로 풍미를 돋운 소등심스테이크에 감자를 곁들였습니다.
손님상에 내놓기에도 부족함이 없는 특별 메뉴랍니다.

26%
순탄수화물

재료포인트
1등급 한우는 지방 함량이 지나치게 높은 경향이 있어요. 칼로리가 크게 증가할 수 있으니 추천하지 않아요.
등급이 조금 낮은 한우 혹은 육우, 수입산 고기를 구입하세요.

필수 재료	소등심 120g, 버터 20g, 마늘 7~8톨(30g), 대파 1대, 양파 100g, 감자 100g
양념&소스	올리브 오일 1스푼
집에 있는 재료	소금 약간
추가하면 좋은 재료	취향에 따라 밑간할때 후춧가루, 허브 추가
곁들이면 좋은 밑반찬	무설탕 피클
함께 먹으면 좋은 밥	곤약밥
맛있는 다이어트	대파, 마늘, 버터가 등심에 특별한 풍미를 더해줘요.

□ EASY
■ MEDIUM
□ HARD

20~30 min

굽기

냉장 보관(당일 섭취)

459kcal

① 소 등심은 키친타월로 핏물을 제거한 후, 소금과 올리브 오일을 1스푼 뿌려 10분 정도 밑간해둔다.

② 감자는 푹 삶아서 준비한다.

③ 달군 팬에 버터를 녹이고 마늘과 대파를 볶는다.
   올리브 오일과 버터를 너무 높은 온도에서 조리하는 것은 좋지 않아요. 강한 불보다는 중간 불에서 조리하세요

④ 대파와 마늘은 잠시 꺼내두고 양파와 소고기를 팬에 굽는다.
   양파 대신 아스파라거스나 토마토로 대체해도 좋아요

⑤ 소고기 위아래 겉면이 갈색이 되면 대파와 마늘을 다시 넣고 짧게 익힌 뒤 불을 끈다.

⑥ 소고기를 굽고 팬에 남은 기름은 감자 위에 뿌려서 먹는다.

삼겹살 | 삼겹살버섯볶음

지방 함량이 높은 대표 육류인 삼겹살과 버섯, 다양한 채소를 함께 볶은 메뉴입니다.
국민 메뉴인 삼겹살을 먹으면서도 다이어트를 할 수 있다는 게 가장 큰 장점인 메뉴죠.

17%
순탄수화물

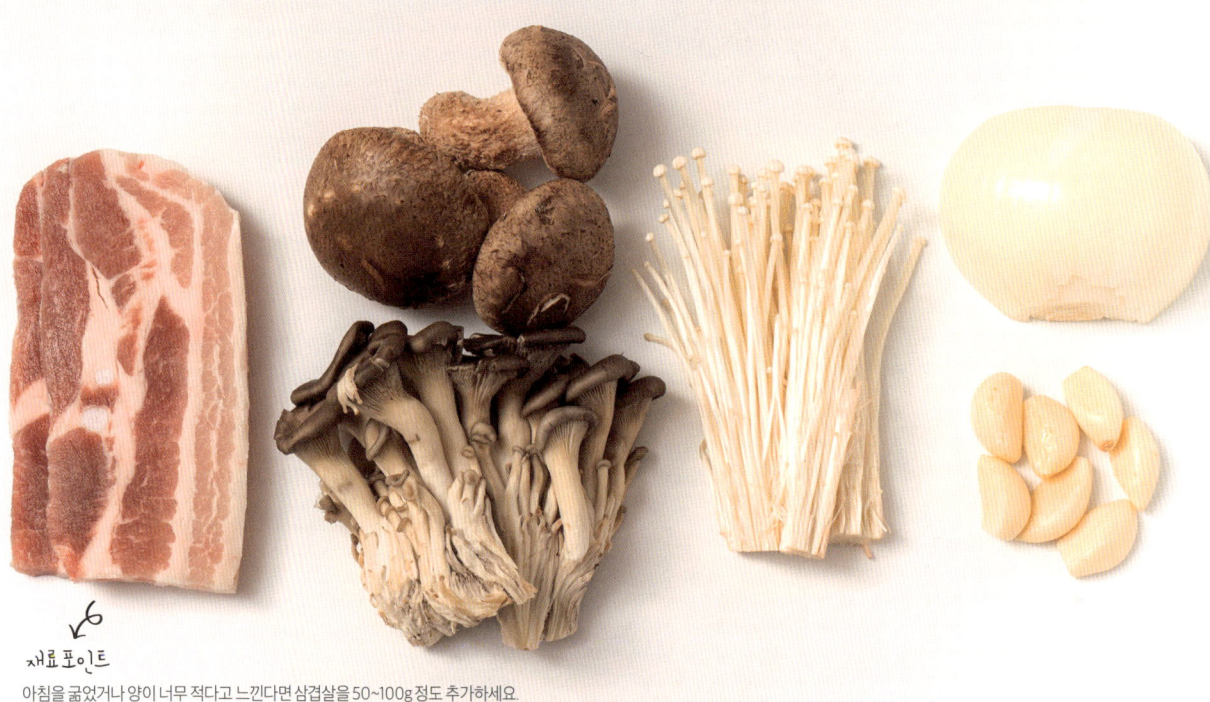

재료포인트
아침을 굶었거나 양이 너무 적다고 느낀다면 삼겹살을 50~100g 정도 추가하세요.

필수 재료	삼겹살 100g, 버섯 200g, 양파 100g, 마늘 7~8톨(30g)
추가하면 좋은 재료	상추, 깻잎, 고추, 후춧가루, 소금
곁들이면 좋은 밑반찬	저염 백김치
함께 먹으면 좋은 밥	채소밥
맛있는 다이어트	버섯 양이 많아 식이 섬유가 풍부하고 포만감까지 있는 식단이 완성됩니다.

□ EASY
□ MEDIUM
□ HARD

15~20 min

볶기

냉장 보관(2~3일)

460kcal

①   달군 팬에 삼겹살과 마늘을 굽는다.

②   80% 정도 익었다 싶을 때 꺼낸 후, 팬에 남은 기름에 버섯, 양파를 볶는다.

③   버섯, 양파가 어느 정도 익으면 삼겹살을 다시 넣은 뒤 완전히 익힌다.

베이컨 | 베이컨두부구이

부드러운 두부에 베이컨을 돌돌 말아 굽는 겉바속촉 두부구이.
식물성 지방과 동물성 지방을 함께 섭취할 수 있다는 것이 장점이에요.

15%
순탄수화물

재료포인트
베이컨이 짭짤하기 때문에 별도의 소금 간은 하지 않는 것이 좋아요.

필수재료	베이컨 80g, 두부 200g
양념&소스	갈릭마라소스 또는 라유 1스푼
추가하면 좋은 재료	송송 썬 대파
곁들이면 좋은 밑반찬	무설탕 피클
함께 먹으면 좋은 밥	채소밥
맛있는 다이어트	베이컨은 바삭하게 구워지고 두부는 따뜻하게 익으면서 겉은 바삭하고 속은 촉촉한 부드러운 요리가 완성됩니다.

□ EASY
□ MEDIUM
□ HARD

10~15 min

굽기

냉장 보관(1~2일)

440kcal

① 두부는 2cm 정도 두께로 썰어둔다.

② 두부 겉면의 물기를 키친타월로 제거한 뒤 베이컨으로 돌돌 만다.

③ 달군 팬에 기름 없이 굽는다.
베이컨에서 기름이 많이 나와 괜찮아요

④ 베이컨이 바삭하게 익으면 불을 끄고 접시에 옮겨 소스를 뿌려 먹는다.
소스를 만들어두지 못했다면 대신 베이컨을 20g 더 구워주세요

닭 날개 | 갈릭닭날개조림

마늘 간장 양념에 재워둔 닭 날개를 굽거나 조려서 요리하는 메뉴입니다.
한번에 3~4회분을 밑간해두면 3~4일 동안 먹을 수 있어요.

27%
순탄수화물

재료포인트
한 번에 다량 조리한다면 가성비 좋은 냉동 제품을 추천해요.

필수 재료	닭 날개 250g(4~5개), 마늘 12~13톨(50g), 표고버섯 50g(3개), 채소밥 100g(½공기)
양념&소스	생강파기름 1스푼
집에 있는 재료	간장 2스푼
추가하면 좋은 재료	페페론치노
곁들이면 좋은 밑반찬	저염 장아찌
맛있는 다이어트	실패 없는 마늘과 간장의 조합에 탱글 쫄깃 식감 좋은 닭날개까지 만났으니 맛이 없을 수가 없어요.

① 마늘 5톨은 다져서 간장과 섞는다.

② 닭 날개에 ①을 뿌려 밑간한 후 냉장고에 10~20분 정도 넣어둔다.

③ 달군 팬에 생강파기름과 나머지 마늘을 볶고 갈색으로 변하기 시작하면 닭 날개와 버섯을 넣고 익힌다.
바닥에 껍질이 눌어 붙지 못하게 물을 조금씩 부어주세요. 새송이나 느타리버섯도 좋아요.

④ 다 익으면 꺼내서 채소밥과 함께 먹는다.
곤약밥이나 버섯밥으로 대체해도 좋아요.

저녁 고르기

1주 차 저녁 메뉴 선택 전 반드시 알아야 할 '상식 사전'

 다음 중 마요네즈의 주재료는 무엇일까요?

① 콩기름
② 달걀노른자
③ 돼지기름
④ 버터
⑤ 마가린

 달걀노른자

달걀노른자는 지방이 23%로 구성된 고지방 식품이에요. 노른자 외에 마요네즈에는 식초와 소금 등이 소량 들어간답니다

마음대로 즐기는 '취향별 저녁 레시피'

1. 요리를 잘 못해요.
   ① 치즈버터달걀말이   ② 참치와사비주먹밥   ③ 새우감바스   ④ 크리스피포크

2. 빵을 좋아해요.
   ① 치즈버터달걀말이   ② 참치와사비주먹밥   ③ 새우감바스   ④ 크리스피포크

3. 한번 만들어 여러 번 먹을 수 있을까요?
   ① 치즈버터달걀말이   ② 참치와사비주먹밥   ③ 새우감바스   ④ 크리스피포크

후보 1. 쉬워서 자주 찾는 '간편형 1'

치즈버터달걀말이 p.78

주재료	달걀	영양 성분 470kcal	
소요 시간	10~15분		순탄수화물 37g
			지방 27g
조리 방법	부침		단백질 20g
			나트륨 540mg
예상 재료비	2,000원		식이섬유 1.7g

후보 2. 쉽고 저렴해 부담 없는 '간편형 2'

참치와사비주먹밥 p.80

주재료	참치	영양 성분 343kcal	
소요 시간	15~20분		순탄수화물 29g
			지방 15g
조리 방법	다지기, 데치기		단백질 23g
			나트륨 425mg
예상 재료비	2,000원		식이섬유 3.6g

내 맘대로
골라 먹는
1주 차 저녁

후보 3. 감칠맛이 폭발한다 '미각 만족형'

새우감바스 p.82

주재료	새우	영양 성분 471kcal	
소요 시간	15~20분		순탄수화물 33g
			지방 23g
조리 방법	볶기		단백질 30g
			나트륨 300mg
예상 재료비	4,000원		식이섬유 7.4g

후보 3. 노력을 맛으로 보상하는 '고진감래형'

크리스피포크 p.84

주재료	오겹살	영양 성분 468kcal	
소요 시간	60분 이상		순탄수화물 20g
			지방 34g
조리 방법	오븐 조리		단백질 17g
			나트륨 120mg
예상 재료비	4,000원		식이섬유 3.7g

달걀

31%
순탄수화물

치즈버터달걀말이

고소한 치즈, 버터, 우유로 만든 부드러운 달걀말이와 곤약밥을 함께 먹는 한식 메뉴입니다.
만들기도 쉬울 뿐 아니라 재료비도 적게 드는 착한 메뉴예요.

재료포인트
달걀을 체에 밭쳐 거르면 좀 더 부드러운 달걀말이가 완성돼요.

필수 재료	달걀 3개, 슬라이스 치즈 1장, 우유 100㎖, 버터 10g, 곤약밥 150g
집에 있는 재료	식용유 1스푼, 소금 약간
추가하면 좋은 재료	다진 대파, 당근, 양파, 청양고추, 후춧가루
곁들이면 좋은 밑반찬	와사비마요(우유 100㎖에 와사비마요 2~3스푼), 저염 백김치, 시금치나물
맛있는 다이어트	우유, 버터, 치즈 같은 유제품이 달걀말이를 더 고소하고 부드럽게 만들어줘요.

① 달걀과 녹인 버터, 소금, 우유를 한데 넣고 잘 섞는다.

② 달군 팬에 식용유 1스푼을 뿌리고 달걀을 붓는다.

③ 아래쪽이 적당히 익었을 때 치즈 1장을 올리고 가장자리부터 만다.
　체더치즈는 프라이팬과 맞닿으면 쉽게 타요. 달걀말이 안쪽에 자리할 수 있게 해주세요.

④ 달걀말이 모양이 잡히면 5분 정도 도마 위에서 식힌 뒤 먹기 좋은 크기로 자른다.
　달걀말이가 뜨거울 때 썰면 예쁘게 잘리지 않고 부서져요. 잠시 식힌 뒤 썰어주세요.

⑤ 곤약밥 ⅔공기(150g)와 함께 곁들여 먹는다.

참치

참치와사비주먹밥

참치와 잘 어울리는 와사비마요소스가 만나 주먹밥이 되었어요. 만들기도 간편하고 재료비도 저렴한 데다
냉동 보관도 가능해 훨씬 쉽게 다이어트를 할 수 있게 해줍니다.

34% 순탄수화물

재료포인트
참치에 염분이 많기 때문에 소금, 간장 간을 하지 않는 게 좋습니다.

필수 재료	통조림참치 100g, 양파 50g, 브로콜리 50g, 당근 50g, 곤약밥 100g
양념&소스	와사비마요 2스푼
추가하면 좋은 재료	조미하지 않은 마른 김
곁들이면 좋은 밑반찬	생강초절임
맛있는 다이어트	채소와 곤약을 듬뿍 넣어 저탄수 메뉴로 즐기기매우 좋아요.

□ EASY
□ MEDIUM
□ HARD

15~20 min

다지기, 데치기

냉동 보관(3~4일)

343kcal

① 모든 채소는 잘게 다져서 준비한다.
너무 크게 자르면 밥과 잘 뭉쳐지지 않아요. 당근은 오이로, 브로콜리는 시금치로 대체해도 좋아요

② 당근과 브로콜리는 다진 상태에서 끓는 물에 20초 정도 잠깐 익힌다.
생략 가능하지만 많은 양을 만들어 두고두고 먹을 거라면 꼭 익혀주세요

③ 모든 재료를 한데 넣고 섞는다.

④ 먹기 좋은 크기로 주먹밥을 만들고 냉동 보관할 것은 하나씩 래핑해서 넣어둔다.

새우

새우감바스

풍미가 좋은 표고버섯과 마늘, 그리고 새우 특유의 감칠맛이 만난 실패하기 어려운 맛있는 메뉴입니다.
적당량의 탄수화물을 섭취하도록 하기 위해 식빵을 한 조각 포함했어요.

28%
순탄수화물

재료포인트
식빵은 잡곡빵이나 호밀빵, 통밀빵으로 고르세요.

필수 재료	칵테일 새우 6~8미(100g), 마늘 12~13톨(50g), 표고버섯 50g, 식빵 1장(35g)
양념&소스	올리브 오일 2스푼(20g)
집에 있는 재료	소금·후춧가루 약간
추가하면 좋은 재료	페페론치노, 치킨 스톡
곁들이면 좋은 밑반찬	무설탕 피클
맛있는 다이어트	팬에 남아 있는 올리브 오일을 빵에 슥슥 발라서 드세요.

☐ EASY
☑ MEDIUM
☐ HARD

15~20 min

볶기

냉장 보관(2~3일)

471kcal

① 새우는 약간의 소금과 후춧가루로 간한다.

② 마늘과 버섯은 슬라이스한다.
표고버섯 대신 새송이버섯으로 대체해도 좋아요.

③ 달군 팬에 올리브 오일과 마늘을 넣고 볶는다.
중간 불로 맞춰주세요.

④ 마늘 색이 갈색으로 변하기 시작하면 버섯, 새우 순으로 넣고 익힌다.

⑤ 새우가 다 익으면 식빵과 함께 먹는다.

오겹살 | 크리스피포크

홍콩, 태국에서 맛볼 수 있는 크리스피포크입니다. 껍질은 바삭하고 살은 부드럽죠.
다이어트를 하지 않는 가족과 함께 먹기 좋아 파티 요리로도 손색이 없어요.

32%
순탄수화물

재료포인트
껍질에 식초와 소금을 바르는 과정은 생략하면 절대 안 돼요. 껍질이 바삭해지지 않고 굉장히 질겨질 수 있거든요.

필수 재료	오겹살(껍질이 있는 삼겹살) 100g, 감자 80g, 양파 60g, 마늘 5톨(20g), 대파 ½대
집에 있는 재료	굵은소금·통후추 약간, 식초 1~2스푼
곁들이면 좋은 밑반찬	무설탕 피클, 마늘초절임
맛있는 다이어트	겉은 과자처럼 바삭하고, 속은 카스텔라처럼 부드러워요.

☐ EASY
☐ MEDIUM
☐ HARD

60 min

오븐 조리

냉장보관(2~3일)

450kcal

① 삼겹살 껍질에 칼집을 내고 그 위에 굵은소금을 충분히 뿌린 뒤 냉장고에 30분 이상 넣어둔다.
껍질이 바삭해지도록 수분을 제거하는 과정이에요. 고기는 구이용이 아닌 보쌈용으로 두껍게 썬 것을 이용하세요.

② 양파, 마늘, 대파는 채 썰어 준비하고 감자는 한 입 크기로 깍둑 썬다.

③ 삼겹살을 냉장고에서 꺼내 소금을 손으로 털어내고 껍질에 식초를 바른다.

④ 깊이가 있는 오븐용 팬에 양파, 마늘, 대파, 감자, 통후추, 소금을 넣고 물을 종이컵으로 1컵 넣는다.

⑤ 껍질이 위로 오게 삼겹살을 올리고 200℃로 예열한 오븐에서 20~30분간 익힌다.
껍질 부분은 물에 잠기면 안 되니 물 양 조절에 유의하세요

⑥ 다 익으면 삼겹살을 꺼내 한 김 식힌 뒤 썰어 익힌 감자와 함께 먹는다

요리하는 습관을 들이는 저탄고지

2주차

하루 섭취	**1,200kcal**
감량 목표	**−1.5kg**
핵심 목표	요리하는 습관을 들이며 그 시간을 즐겨보세요.

Check List

1. 식단을 하면서 어지러움을 느꼈다. ◯ 주 3회 이상　◯ 주 1~2회 정도　◯ 어지럽지 않다.
2. 요리하는 게 무척 귀찮고 힘들다. ◯ 힘들다.　◯ 할 만하다.　◯ 즐겁게 하고 있다.
3. 달달한 간식 생각이 많이 난다. ◯ 실제로 먹기도 했다.　◯ 참을 만하다.　◯ 생각나지 않는다.

1
주 3회 이상 어지러움을 느
낀다면 제안한 식단보다 더
적게 먹지는 않았는지 생각
해봅시다. 적게 먹었다면 식단에 맞춰 하루
1,200kcal 정도는 섭취하도록 노력해야 합니
다. 만약 식단대로 비슷하게 먹었는데도 주 3회
이상 어지럽다고 느꼈다면 다이어트를 조금 느
슨하게 할 필요가 있습니다. 예를 들면 아침과 저
녁은 식단대로 하고 점심은 저탄수 식단을 유지
하되 양에는 제한 없이 배부르게 먹는 자유식을
하는 방법이 있습니다. 이런 경우 감량 속도가 빠
르지는 않겠지만 빠른 체중 감량보다 건강을 지
키는 것이 더 중요하기 때문에 조바심 내지 않고
천천히 하는 것이 필요합니다.

2
요리하기 힘들어 포기하고 싶
다면, 이런 방식으로 해보세
요. 아침 식사는 요리가 필요
없는 간편식으로만 하고 점심이나 저녁은 한번
만들면 냉장고에 넣어뒀다가 2~3일씩 먹을 수
있는 메뉴로 식단을 구성하는 거예요. 물론 이렇
게 하면 2~3일 연속 식단이 똑같을 수도 있는데,
3~4일 정도는 비슷한 식단으로 반복해도 문제
가 없어요. 본인이 너무 지루하다고 느끼지 않는
다면 말이죠. 다음으로 귀찮지만 할 만하다고 느
끼는 분이라면 요리가 조금 더 즐거워지도록 요
리할 때 음악을 틀어놓고 한다든가 다이어트를
하고 있는 친구를 초대해 함께 식사를 하는 것,
완성된 요리를 SNS 올려보는 것 등 요리를 좀 더
즐길 수 있는 방법을 생각해보는 것도 좋아요.

3
달달한 음식에는 보통 탄수화
물(설탕 등)이 많기 때문에 저
탄수 식단의 최대 적이라고 볼
수 있어요. 간식을 참기 힘들다고 느낀다면 이 책
에 있는 간식 레시피(p.59)를 참고해 저탄수 간
식을 만들어보기를 권장합니다. 일부 메뉴는 한
번 만들어놓으면 오래 두고 먹을 수 있으니 많이
귀찮지는 않을 거예요. 하지만 간식을 만들 시간
이 충분하지 않다고 느낀다면 시중에 나와 있는
곤약 젤리나 무설탕 저탄수 간식을 찾아 주문해
먹는 것도 하나의 방법이 될 수 있어요. 어떤 제
품이 좋을지 잘 모르겠다면 p.59에 있는 저탄수
식품 추천 리스트를 확인해보세요. 단, 간식으로
추가 섭취하는 음식의 칼로리는 150kcal를 넘
지 않도록 해야 합니다.

나만의 2주 차 식단 짜기

자유식 때 추천하는 메뉴와 꼭 피해야 할 음식은 p. 28에서 확인해보세요. 일주일간 식단이 많이 힘들지 않았거나 어쩔 수 없는 약속이 있어서 이미 자유식을 했다면 주말에는 자유식 없이 식단을 쭉 이어나가는 게 좋겠죠?

☛ 전문가의 이번 주 추천 식단

지루하지 않게, 하지만 요리를 너무 많이, 너무 자주 하지 않아도 되는 식단으로 고민해서 계획했어요. 점심의 버터강된장비빔밥처럼 한번 만들면 며칠씩 먹을 수 있는 메뉴는 연달아서 2~3일 정도 먹도록 했어요. 요리할 시간이 많고 같은 메뉴를 먹는 것이 싫다면 이 식단을 따르지 않아도 좋아요. 그리고 주말 이틀 중 하루 점심은 자유식을 먹어도 좋아요. 일주일간의 식단이 힘들고 배고팠다면 탄수화물이 적은 메뉴로 선택해 기분 좋은 포만감이 들 때까지 식사를 하세요.

	MON	TUE	WED	THR	FRI	SAT	SUN
BREAKFAST	간편식 1	간편식 2	코코넛바나나 스무디	코코넛바나나 스무디	비프샐러드	간편식 1	간편식 2
LUNCH	강된장비빔밥	강된장비빔밥	오리구이	오리구이	오리구이	자유식	달걀김밥
DINNER	곤약마제소바	등갈비김치찜	등갈비김치찜	마파두부덮밥	마파두부덮밥	매콤닭발볶음	매콤닭발볶음

////// 당일 요리가 필요한 메뉴

☛ 추천 식단대로 할 경우 해야 할 일

SUN	저탄수밥 12회분 만들어 냉동 보관	강된장 2회분 만들기	버터소고기장 만들기
MON	곤약마제소바 만들기		
TUE	등갈비김치찜 2회분 만들기		
WED	코코넛바나나스무디 만들기	오리구이 3회분 만들기	
THR	코코넛바나나스무디 만들기	마파두부덮밥 2회분 만들기	
FRI	비프샐러드 만들기		
SAT	매콤닭발볶음 2회분 만들기		
SUN	달걀김밥 만들기		

아침 고르기

2주 차 아침 메뉴 선택 전 반드시 알아야 할 '상식 사전'

 소고기 중 지방 함량이 가장 높은 부위는 어디일까요?

- ① 등심
- ② 안심
- ③ 채끝살
- ④ 토시살
- ⑤ 우둔살

A 등심

지방 함량이 가장 높은 부위는 등심입니다. 특히 꽃등심이라 불리는 부위는 100g당 27g이 지방으로 구성되어 있어요. 그다음으로는 토시살(20g), 채끝살(16g), 안심(13g), 우둔살(7g) 순으로 지방 함량이 높아요. 여기서 짚고 넘어가야 할 것이 있는데, 한우의 경우 등급에 따라, 그리고 원산지에 따라 같은 부위여도 지방 함량이 크게 차이 나요. 그렇다 보니 영양 성분을 계산할 때도 고민이 참 많았어요. 그래서 결과적으로는 소고기 전체 부위의 평균 정도 되는 값을 사용하기로 했으니 영양 성분을 주의 깊게 보는 분이라면 참고해주세요(약 100g당 지방 20g).

마음대로 즐기는 '취향별 아침 레시피'

1. 지방 함량이 가장 높은 식단을 원해요.
    ① 비프샐러드　② 코코넛바나나스무디　③ 간편식 1　④ 간편식 2

2. 어린이도 함께 먹기 좋은 게 있나요?
    ① 비프샐러드　② 코코넛바나나스무디　③ 간편식 1　④ 간편식 2

3. 들고 나갈 수 있는 메뉴가 필요해요.
    ① 비프샐러드　② 코코넛바나나스무디　③ 간편식 1　④ 간편식 2

후보 1. 씹는 맛이 좋은 '육식파형'

비프샐러드 p.90

주재료	소고기	영양 성분 332kcal
소요 시간	15~20분	순탄수화물 18g
조리 방법	굽기	지방 21g
예상 재료비	4,000원	단백질 17g
		나트륨 360mg
		식이섬유 3.8g

후보 2. 입안 가득 달달한 '디저트형'

코코넛바나나스무디 p.91

주재료	코코넛 밀크	영양 성분 284kcal
소요 시간	5~10분	순탄수화물 24g
조리 방법	갈기	지방 18.3g
예상 재료비	2,000원	단백질 3.7g
		나트륨 137mg
		식이섬유 4.1g

내 맘대로 골라 먹는 2주 차 아침

후보 3. 아침이 언제나 바쁜 '간편식 1'

방탄커피, 바나나 만났네 p.91

주재료	바나나	영양 성분 276kcal
소요 시간	5분 이내	순탄수화물 21g
조리 방법	커피 타기	지방 19g
예상 재료비	2,000원	단백질 6g
		나트륨 2mg
		식이섬유 4.8g

후보 4. 아침이 언제나 바쁜 '간편식 2'

땅콩버터토스트 p.91

주재료	통밀 식빵	영양 성분 326kcal
소요 시간	5분	순탄수화물 29g
조리 방법	없음	지방 16g
예상 재료비	2,000원	단백질 13g
		나트륨 308mg
		식이섬유 2.2g

비프샐러드

신선한 채소와 구운 소고기가 어우러진 샐러드예요. 버터와 함께 구운 소고기는 포만감을 줄 뿐 아니라 샐러드 같지 않게 맛도 좋아서 만족스러운 한 끼가 되어줄 거예요.

재료
소고기 80g
버터 10g
양상추 150g
파프리카 1개

양념&소스
오리엔탈 드레싱 2스푼

추가하면 좋은 재료
양파, 오이

곁들이면 좋은 밑반찬
볶은 양파

맛있는 다이어트
소스를 마지막에 뿌리는 게
아니라 채소에 버무려두면
드레싱 양이 적어도 채소에
골고루 묻기 때문에 부족한
느낌 없이 먹을 수 있어요.

① 달군 팬에 버터를 먼저 녹이고 먹기 좋게 썬 소고기를 익힌다.
지방이 적은 살코기 부위를 준비했다면 버터를 5g 늘려 15g을 준비해주세요.

② 양상추, 파프리카 등 채소는 한 입 크기로 잘라 드레싱에 버무린다.

③ 한 김 식힌 소고기를 채소에 얹는다.
드레싱이 없다면 올리브 오일 1스푼, 간장 ½스푼, 식초 ½스푼을 섞어서 뿌려도 돼요.

코코넛바나나스무디

크리미한 풍미를 내는 코코넛 밀크와 달콤한 바나나가 만나 누구나 맛있게 즐길 수 있는 스무디예요.

재료 코코넛 밀크 100㎖, 바나나 1개(100g), 코코넛 워터 200㎖
맛있는 다이어트 코코넛 밀크는 지방 함량이 높고 고소한 맛이 일품입니다.

① 모든 재료를 믹서에 넣고 간다.
코코넛 밀크는 코코넛 오일 25g(2.5스푼)으로, 코코넛 워터는 아몬드브리즈(언스위트) 190㎖나 흰 우유 100㎖ 또는 무가당 두유 100㎖로 대체해도 좋아요.

간편식 1. 방탄커피, 바나나 만났네

아침을 깨우는 방탄커피와 함께 견과류, 바나나로 구성한 식단이에요. 아침에 멍한 기분이 들고 간편한 식단을 원하는 분이라면 아주 좋은 선택이 될 거예요.

재료 무염 버터 10g, 에스프레소 1샷, 바나나 1개(100g), 아몬드 10~12알(20g)

① 에스프레소와 버터를 섞은 뒤 뜨거운 물을 넣어 농도를 조절한다.
커피가루 1스푼도 좋아요

② 바나나, 아몬드와 함께 섭취한다.
호두, 땅콩, 피스타치오 등 원하는 것으로 대체해도 좋아요

(NOTE) 방탄커피는 버터가 저온에서 굳기 때문에 차갑게 마실 수 없어요.

간편식 2. 땅콩버터토스트

바쁜 아침, 집에서 식사할 시간도 없을 때 식빵에 땅콩버터 1스푼 턱 넣고 바로 가지고 나갈 수 있는 간편한 메뉴예요. 양이 적은 것처럼 보여도 땅콩버터에 함유된 풍부한 지방이 든든한 한 끼가 되어준답니다.

재료 무설탕 땅콩버터 1스푼(15g), 통밀 식빵 1장, 우유 200㎖

① 땅콩버터를 1스푼 듬뿍 떠서 식빵에 바른다.
잡곡 식빵이나 호밀 식빵도 좋아요

② 우유와 함께 먹는다.
무가당 두유로 대체해도 좋아요

저탄고지 2주 차

점심 고르기

2주 차 점심 메뉴 선택 전 반드시 알아야 할 '상식 사전'

Q 육류, 가금류 중 불포화지방산 비율이 가장 높은 고기는 어떤 것일까요?

① 닭고기
② 소고기
③ 돼지고기
④ 양고기
⑤ 오리고기

A 오리고기
오리고기가 불포화지방산 함량이 가장 높아요. 불포화지방산은 포화지방과 달리 인체의 콜레스테롤 수치를 안정화해 혈관 건강에 도움을 줄 수 있는 착한 지방산이라고 하죠. 따라서 불포화지방산 섭취 비율이 낮은 사람에게는 오메가3를 섭취하도록 권장하기도 합니다. 최근에 저탄고지 식단이 유행하면서 포화지방과 불포화지방의 기존 역할에 의문을 제기하는 움직임도 보이는데, 지금까지 발표된 논문이나 연구 결과는 불포화지방산의 유익성이 더 크다는 것에 힘이 실려 있죠. 따라서 저도 포화지방산보다는 불포화지방산이 많은 등 푸른 생선이나 식물성 지방, 오리고기 등을 식단에 자주 포함시키도록 권장하고 있어요.

마음대로 즐기는 '취향별 점심 레시피'

1. 도시락으로 싸기 좋은 게 있을까요?
① 오리구이 　 ② 강된장비빔밥 　 ③ 라구소스두부조림 　 **④ 달걀김밥**

2. 고기를 좋아해요.
① 오리구이 　 ② 강된장비빔밥 　 ③ 라구소스두부조림 　 ④ 달걀김밥

3. 한번 만들어 여러 번 먹고 싶어요.
① 오리구이 　 **② 강된장비빔밥** 　 **③ 라구소스두부조림** 　 ④ 달걀김밥

오리구이 p.94

주재료	오리고기	영양 성분	455kcal
소요 시간	15~20분		순탄수화물 32g
조리 방법	삶기, 볶기		지방 24g
			단백질 24g
예상 재료비	3,000원		나트륨 84mg
			식이섬유 13g

강된장비빔밥 p.96

주재료	두부	영양 성분	457kcal
소요 시간	15~20분		순탄수화물 35g
조리 방법	볶기		지방 25g
			단백질 19g
예상 재료비	2,500원		나트륨 380mg
			식이섬유 6.6g

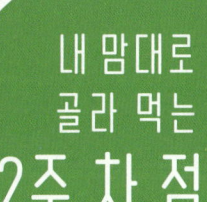

내 맘대로
골라 먹는
2 주 차 점심

후보 3. 한번 만들어 쟁여놓는 '한 방형2'

라구소스두부조림 p.98

주재료	두부	영양 성분	450kcal
소요 시간	30분		순탄수화물 11g
조리 방법	굽기, 조리기		지방 32g
			단백질 26g
예상 재료비	3,500원		나트륨 350mg
			식이섬유 6g

후보 4. 도시락 싸기 좋은 '간단형'

달걀김밥 p.100

주재료	달걀	영양 성분	456kcal
소요 시간	25~30분		순탄수화물 15g
조리 방법	볶기		지방 29g
			단백질 30g
예상 재료비	2,000원		나트륨 683mg
			식이섬유 2.1g

오리고기 | 오리구이

불포화지방산이 풍부한 오리와 몸에 좋은 마늘이 만나 건강한 저탄고지 식단이 완성됐어요.
만들기도 쉽고 맛도 보장되니 부담 없이 시도해볼 수 있어요.

28%
순탄수화물

재료포인트
훈제 오리는 생각보다 빨리 상해요. 남은 건 냉동 보관하세요

필수 재료	오리고기 120g , 마늘 6~8톨(30g), 단호박 300g
집에 있는 재료	소금·후춧가루 약간
추가하면 좋은 재료	양파, 버섯, 쌈채소
곁들이면 좋은 밑반찬	저염 백김치
함께 먹으면 좋은 밥	곤약밥
맛있는 다이어트	자칫 느끼할 수 있는 오리구이를 마늘 향이 완벽하게 보완해줘요.

□ EASY
□ MEDIUM
□ HARD

15~20 min

삶기, 볶기

냉장 보관(2~3일)

455kcal

① 단호박은 먹기 좋은 크기로 토막 낸 뒤 오븐이나 냄비 등을 이용해 익힌다.
젓가락으로 찔렀을 때 쑥 들어갈 정도면 좋아요. 밥과 함께 먹고 싶다면 곤약밥 또는 채소밥 150g으로 대체해도 좋아요.

② 달군 팬에 오리고기를 굽다가 기름이 나오기 시작하면 썬 마늘을 함께 볶는다.
생오리고기를 구하기 어렵다면 훈제 오리를 사용하세요. 생오리고기를 사용한다면 소금, 후춧가루로 살짝 간을 해도 좋아요.

두부

강된장비빔밥

두부, 된장, 버터가 어우러져 구수하고 고소한 비빔밥이에요.
한번 만들어 쟁여두기 좋고 재료비도 저렴해서 바쁜 직장인 혹은 자취하는 학생에게 추천합니다.

31%
순탄수화물

재료포인트
표고버섯은 특유의 풍미와 쫄깃한 식감으로 요리를 한층 업그레이드해줘요.

필수 재료	버터 10g, 두부 100g, 양파 50g, 버섯 50g, 달걀 1개, 채소밥 100g
집에 있는 재료	된장 1스푼(12g), 참기름 ½스푼
추가하면 좋은 재료	청양고추, 찐 양배추(쌈으로 활용)
곁들이면 좋은 밑반찬	마늘초절임, 저염 백김치
함께 먹으면 좋은 밥	채소밥(버섯밥 또는 곤약밥으로 대체 가능)
맛있는 다이어트	버터가 부담된다면 참기름 1스푼으로 대체하세요.

☐ EASY
☑ MEDIUM
☐ HARD
|
15~20 min
|
볶기
|
냉장 보관(3~4일)
|
457kcal

①   냄비에 참기름 ½스푼을 넣고 다진 양파와 버섯을 볶는다.

②   양파가 갈색으로 변하면 두부와 된장을 넣고 으깨면서 익힌다.

③   수분이 날아가고 된장 같은 농도가 되면 불을 끈다.
         여기까지 완성된 강된장을 다량 만들어 냉장 보관하면 다음 요리 시간을 줄여줍니다.

④   따뜻하게 데운 채소밥 위에 버터를 올려서 녹이고 달걀 프라이와 강된장을 얹는다.
         버섯밥이나 곤약밥으로 대체해도 좋아요.

두부

라구소스두부조림

파스타나 라자냐에 들어가는 라구소스가 탄수화물을 줄이기 위해 두부와 만났어요.
겉바속촉 구운 두부와 라구소스는 생각보다 잘 어울려서 자주 찾게 된답니다.

10%
순탄수화물

재료포인트
부침용 단단한 두부를 구입하세요.

필수 재료	두부 200g
양념&소스	라구소스 4스푼
집에 있는 재료	식용유 2스푼, 소금 약간
추가하면 좋은 재료	양파, 버섯
곁들이면 좋은 밑반찬	무설탕 피클
함께 먹으면 좋은 밥	곤약밥

☐ EASY
☑ MEDIUM
☐ HARD

30min

굽기, 조리기

냉장 보관(3~4일)

450kcal

① 팬에 식용유를 두르고 먹기 좋게 썰어 소금 간한 두부를 앞뒤로 굽는다.

② 두부 표면이 전반적으로 갈색으로 변하면 라구소스와 물 ½컵(90㎖)을 붓고 조리듯이 끓인다.

③ 국물이 자박자박해지면 불을 끄고 접시에 옮겨 담는다.

달걀 | 달걀김밥

키토 김밥으로 유명한 달걀김밥 레시피는 다들 많이 보셨을 거예요.
거기에 베이컨까지 넣어 더 맛있고 든든한 김밥입니다. 도시락 메뉴로도 참 좋아요.

13%
순탄수화물

재료포인트
베이컨이 짭짤하기 때문에 달걀이나 당근에는 소금 간을 하지 않는 것이 좋아요.

재료포인트
김은 진한 초록빛이 도는 것이 신선한 것이에요. 보랏빛이 도는 건 오래됐을 가능성이 있어요.

필수 재료	베이컨 60g, 달걀 3개, 당근 70g, 김밥용 김 1장
양념&소스	생강파기름 1스푼
집에 있는 재료	식용유 ½스푼
추가하면 좋은 재료	깻잎
곁들이면 좋은 밑반찬	와사비마요소스, 저염 백김치
맛있는 다이어트	기존 달걀김밥에 베이컨을 넣어 고소하고 짭조롬한 맛을 챙겼어요.

□ EASY
□ MEDIUM
□ HARD

25~30min

볶기

냉장 보관(당일 섭취)

456kcal

① 당근은 채 썰고 달걀은 볼에 담아 풀어서 준비해둔다.
   취향에 따라 당근의 양을 더 늘려도 좋아요.

② 베이컨은 달군 팬에 기름 없이 볶는다.

③ 베이컨이 익으면 꺼낸 뒤 기름을 닦지 않고 그 위에 바로 당근을 볶는다.

④ 당근이 다 익으면 식용유를 둘러 달걀지단을 부친다.

⑤ ④를 한 김 식힌 뒤 당근처럼 얇게 썬다.

⑥ 김, 달걀, 당근, 베이컨 순으로 올린 뒤 김밥을 만다.

저녁 고르기

2주 차 저녁 메뉴 선택 전 반드시 알아야 할 '상식 사전'

Q 지방 함량이 높고 특유의 감칠맛 때문에 육수를 낼 때 자주 사용하며 콜라겐이 많은 것으로 유명한 식품은 무엇일까요?

① 돼지 껍데기

② 닭 다리

③ 생선뼈

④ 닭발

⑤ 소꼬리

A 닭발

정답은 닭발입니다. 닭발은 닭고기 전체 부위 중 지방 함량이 높은 부위로 육수를 낼 때 많이 사용되는 부위이기도 하죠. 콜라겐이 많아 피부 미용 증진에 좋다고 알려져 있지만, 비타민 C가 풍부한 식품과 함께 섭취하지 않으면 크게 효과가 없으니 콜라겐의 효과를 보고 싶다면 비타민 C가 풍부한 생고추와 함께 드세요.

마음대로 즐기는 '취향별 저녁 레시피'

1. 가족과 함께 식사할 거예요.
   ① 등갈비김치찜   **②** 마파두부덮밥   ③ 매콤닭발볶음   ④ 곤약마제소바

2. 맵고 기름진 음식이 생각나요.
   ① 등갈비김치찜   ② 마파두부덮밥   **③** 매콤닭발볶음   ④ 곤약마제소바

3. 면 요리를 좋아해요.
   ① 등갈비김치찜   ② 마파두부덮밥   ③ 매콤닭발볶음   **④** 곤약마제소바

후보 1. 온가족이 함께 먹는 '패밀리형 1'

등갈비김치찜 p.104

주재료	돼지갈비	영양 성분 498kcal
소요 시간	60~90분	순탄수화물 34g
조리 방법	끓이기	지방 27g
예상 재료비	5,000원	단백질 28g
		나트륨 480mg
		식이섬유 5.3g

후보 2. 온가족이 함께 먹는 '패밀리형 2'

마파두부덮밥 p.106

주재료	두부	영양 성분 467kcal
소요 시간	25~30분	순탄수화물 32g
조리 방법	볶기	지방 26g
예상 재료비	2,000원	단백질 23g
		나트륨 340mg
		식이섬유 5g

내 맘대로
골라 먹는
2주 차 저녁

후보 3. 맵고 기름진 게 생각난다면 '스트레스 해소형'

매콤닭발볶음 p.108

주재료	닭발	영양 성분 419kcal
소요 시간	20~25분	순탄수화물 20g
조리 방법	볶기, 데치기	지방 26g
예상 재료비	3,000원	단백질 27g
		나트륨 75mg
		식이섬유 5g

후보 4. 면 요리를 좋아한다면 '면식가형'

곤약마제소바 p.110

주재료	곤약	영양 성분 474kcal
소요 시간	30~40분	순탄수화물 36g
조리 방법	볶기, 삶기	지방 20g
예상 재료비	4,000원	단백질 35g
		나트륨 609mg
		식이섬유 1.9g

돼지갈비 | 등갈비김치찜

푹 고아서 김치와 함께 쪄낸 등갈비는 한국인이라면 거부하기 힘든 맛이죠.
요리 시간이 꽤 걸리지만 한식을 좋아하는 다이어터에게 강력 추천합니다.

27%
순탄수화물

재료포인트
등갈비는 지방 함량이 높은 부위 중 하나예요. 재료 양은 뼈 무게 포함 중량입니다.

필수재료	돼지 등갈비 250g, 김치 150g, 곤약밥 100g
양념&소스	다진 마늘 1스푼, 고춧가루 ½스푼, 참기름 ½스푼, 소주 ¼컵(40g)
추가하면 좋은 재료	다시마 멸치 국물(물 대신 사용), 무, 생강
맛있는 다이어트	김치를 물에 한번 헹궈 짠맛을 빼주세요.

①   끓는 물에 소주를 넣고 등갈비를 넣어 15분간 삶은 뒤 물은 버린다.

②   냄비에 물 1.5L를 넣고 김치, 등갈비, 다진 마늘, 고춧가루를 넣은 뒤 팔팔 끓인다.

김치는 흐르는 물에 한번 헹궈서 짠맛을 빼야 해요. 함께 먹는 밥 양이 적은 편이기 때문에 등갈비찜이 짜면 먹기 힘들어요. 20분 이상 끓인 뒤에도 고기가 질기다면 물을 붓고 약한 불에서 좀 더 익히세요.

③   고기가 충분히 익으면 불을 끄고 참기름을 두른 뒤 접시에 옮겨 담는다.

두부

마파두부덮밥

돼지고기와 두부, 그리고 고추기름이 만난 마파두부덮밥은 매콤하고 기름진 무언가를 먹고 싶을 때 추천하는 메뉴예요.

27%
순탄수화물

재료포인트
식물성 지방과 동물성 지방이 잘 어우러진 메뉴예요.

필수 재료	두부 100g, 다진 돼지고기 50g, 대파 ½대, 양파 100g, 채소밥 100g
양념&소스	라유 2스푼
집에 있는 재료	소금·후춧가루 약간
추가하면 좋은 재료	다진 마늘, 고춧가루
맛있는 다이어트	매콤한 음식을 즐기면서 다이어트를 할 수 있어요.

□ EASY
□ MEDIUM
□ HARD

25~30 min

볶기

냉장 보관(4~5일)

467kcal

①   달군 팬에 라유를 두르고 소금, 후춧가루로 간한 다진 돼지고기를 볶는다.
         라유를 만들어두지 않았다면 시중에 파는 고추기름을 사용해도 좋아요.

②   돼지고기가 다 익으면 깍둑 썬 두부를 넣고 함께 볶는다.

③   두부 표면이 갈색이 되기 시작하면 다진 양파와 대파를 넣고 함께 볶은 뒤 불을 끈다.
         대파 대신 쪽파나 부추를 사용해도 좋아요.

④   채소밥에 얹어 마무리한다.
         곤약밥이나 버섯밥으로 대체해도 좋아요.

닭발 | 매콤닭발볶음

다이어트를 하지 않는 아빠나 남편도 좋아할 만한 메뉴이니 가족과 함께 하는 식사 자리에 올려보세요.

19%
순탄수화물

재료포인트
닭발은 닭고기 중에서도 지방이 많은 부위 중 하나입니다.

필수 재료	무뼈 닭발 100g, 양파 ½개(150g), 마늘 6~8톨(30g), 콩나물 100g
양념&소스	토마토고추장 1스푼
집에 있는 재료	식용유 1스푼
추가하면 좋은 재료	풋고추
맛있는 다이어트	쫄깃한 식감이 매력인 닭발에 매콤함을 달래줄 콩나물을 함께 얹어 먹으면 맛 좋은 저탄수 식단이 됩니다.

□ EASY
■ MEDIUM
□ HARD

20~25 min

볶기, 데치기

냉장 보관(4~5일)

419kcal

① 　닭발을 끓는 물에 30초 정도 잠깐 데친다.
　　잡내를 제거하기 위한 과정입니다.

② 　달군 팬에 식용유를 두르고 마늘을 볶는다.

③ 　마늘이 갈색이 되면 닭발과 토마토 고추장, 양파를 넣고 볶는다.
　　중간 불을 유지해주세요. 토마토 고추장을 만들지 못했을 경우, 고추장 ½스푼 + 고춧가루 ½스푼으로 대체하세요.

④ 　콩나물은 끓는 물에 소금 ½스푼을 넣고 30초~1분 정도 데친 뒤 꺼낸다.

⑤ 　닭발과 콩나물을 함께 먹는다.

곤약

곤약마제소바

핫한 일식집에서 먹던 마제소바를 집에서 만들어봅시다.
실제로 이자카야를 운영하는 셰프에게 조언을 얻어 만들기 쉽게 재구성한 레시피예요.

30%
순탄수화물

재료포인트
곤약분 99% 이상으로 만든 것으로 구매하세요.
충전수를 제외하고 면만으로 300g 준비합니다.

필수 재료	곤약 면 200g, 우동 면 100g, 달걀 1개
양념&소스	땅콩버터소고기장 1종이컵
집에 있는 재료	식초 2스푼
추가하면 좋은 재료	쪽파 혹은 대파(완성한 마제소바에 송송 썰어 올려요)
곁들이면 좋은 밑반찬	마늘초절임
맛있는 다이어트	곤약 면을 사용해 빵빵한 포만감도 보장한답니다.

①   곤약 면은 식초물에 10분 이상 담가 특유의 비릿한 냄새를 제거한다.

②   끓는 물에 곤약 면과 우동 면을 2~3분 정도 삶은 뒤 체에 받쳐둔다.

③   달걀은 삶거나 프라이를 해도 좋고 톡 터뜨려 비벼 먹는 용도로 익히지 않은 노른자만 사용해도 된다.

④   그릇에 면을 담고 땅콩버터소고기장과 달걀을 올린 뒤 비벼 먹는다.

3 주 차

낮아진 칼로리에 적응하는 저탄고지

하루 섭취	1,000kcal
감량 목표	−1.5kg
핵심 목표	조금 더 낮아진 칼로리에 적응하기

Check List

1. 2주 차 식단에 적응하기 어려웠나요? ◯ 어려웠다. ◯ 버틸 만했다. ◯ 어렵지 않았다.
2. 운동을 하고 있나요? ◯ 주 3회 이상 ◯ 주 1~2회 ◯ 하고 있지 않다.
3. 2주 차 식단을 잘 지켰나요? ◯ 주 3회 이상 ◯ 주 1~2회 ◯ 식단대로 했다.

1

1,200kcal 식단에 적응하기 어려웠다고 느낀다면 1,000 kcal 식단으로 넘어가기보단 1주 차 혹은 2주 차 식단을 한번 더 진행하는 것을 추천해요. 특히 어지러운 증상도 종종 나타났다면 1,000kcal로 넘어가지 말고 여유 있는 마음으로 1~2주 차 식단을 다시 했으면 좋겠습니다. 사실 과체중 이상인 분들은 1,200kcal 식단을 꾸준히 해도 살이 빠지거든요. 스케줄대로 못한다는 죄책감 가지실 필요도 없고 조급해할 필요도 없답니다. 1,200kcal도 충분히 저칼로리 식단이거든요. 어렵지 않게 1~2주 차 식단을 해냈다면 3주 차 식단으로 힘차게 나아가도 좋겠네요. 하지만 너무 힘들거나 지치진 않는지 몸 컨디션을 꾸준히 살펴주세요.

2

운동을 하고 있다면 체중 감량에 크게 도움이 돼요. 하지만 평소에 안 하던 사람이 운동을 시작하면 근육에 미세한 상처가 생기고(자연스러운 현상), 이 때문에 근육에 수분이 몰리면서 체중이 소폭 증가하거나 노력에 비해 체중이 정체하는 듯한 느낌을 받을 수 있어요. 이는 근육이 갑자기 1~2kg씩 훅훅 붙어서도 아니고 체지방이 늘고 있어서도 아니랍니다. 일시적인 체수분 증가 현상으로 보는 것이 맞고 운동을 꾸준히 하고 시간이 흐르면 숫자에 조금씩 변화가 생깁니다. 제 경험에 의하면 이 문제가 해결되기까지 최소 일주일에서 최대 3개월까지 걸리는 사람도 있었답니다. 편차가 크니 여유로운 마음으로 기다리세요.

3

식단을 완벽히 지키지는 못했어도 1,200kcal 수준을 잘 지켰다면 식단대로 했다고 생각하고 설문에 응답해보세요. 만약 회식이나 모임, 식욕 조절 실패 등의 원인으로 주 3회 이상 식단대로 하지 못하고 과식을 했다면 아마 지금쯤 '이럴 거면 차라리 안 하느니만 못하겠다'라는 생각으로 반쯤 포기하는 마음이 들지도 모르겠어요. 하지만 다이어트에서 가장 중요한 것은 포기하지 않는 마음이랍니다. 일주일 중 일주일을 포기하는 것과 일주일 중 하루 이틀만이라도 저칼로리 식단을 하는 것은 분명한 차이를 만들 수 있으니까요. 그 작은 노력이 쌓여 몸에 변화를 만들어 줄 거예요.

나만의 3주차 식단 짜기

이번 주에도 마찬가지로 주말 1회 자유식이 포함되어 있어요. 레시피에 구애받지 말고 탄수화물이 적은 메뉴로 선택해 '기분 좋은' 포만감이 들 때까지 식사를 하세요. 자유식 때 추천하는 메뉴와 꼭 피해야 할 음식은 p. 28에서 확인하시길 바랍니다.

☛ 전문가의 이번 주 추천 식단

3주 차는 지칠 대로 지친 분들이 계실 것 같아서 평일 아침 식단은 요리가 필요 없는 간편식으로만 구성했어요. 주말 아침도 비교적 만들기 간편한 밀크아몬드셰이크로 구성했어요. 좀 귀찮아도 샐러드가 좋다면 리코타치즈샐러드로 바꾸어도 됩니다. 평일 점심은 도시락을 싸서 다니기에 어렵지 않은 메뉴로 구성했어요. 저녁 메뉴 중 허브갈릭고등어는 불포화지방이 많은 고등어로 만들기 때문에 강력 추천하지만, 집에서 생선 굽기를 꺼리는 분이 있을 것 같아 식단표에서는 제외했어요. 하지만 생선구이를 즐기는 분이라면 3~4회 정도 저녁 식단에 올려도 좋을 것 같아요.

	MON	TUE	WED	THR	FRI	SAT	SUN
BREAKFAST	간편식 2	간편식 1	간편식 2	간편식 1	간편식 2	밀크아몬드 셰이크	밀크아몬드 셰이크
LUNCH	오트밀크림수프	오트밀크림수프	참치달걀죽	참치달걀죽	치킨치즈 토르티야롤	자유식	차돌박이 비빔국수
DINNER	차돌박이부추볶음	차돌박이부추볶음	차돌박이 부추볶음	베이컨브로콜리 오븐구이	베이컨브로콜리 오븐구이	감자비프그라탱	감자비프그라탱

/////// 당일 요리가 필요한 메뉴

☛ 추천 식단대로 할 경우 해야 할 일

SUN	저탄수밥 6회분 만들어 냉동 보관	
MON	오트밀크림수프 2회분 만들기	차돌박이부추볶음 3회분 만들기
TUE	**요리없는날!**	
WED	참치달걀죽 2회분 만들기	
THR	베이컨브로콜리오븐구이 2회분 만들기	
FRI	치킨치즈토르티아롤 만들기	
SAT	밀크셰이크 2회분 만들기	감자비프그라탱 2회분 만들기
SUN	차돌박이비빔국수 만들기	

저탄고지 3주 차
아침 고르기

3주 차 아침 메뉴 선택 전 반드시 알아야 할 '상식 사전'

Q 다음 중 지방 함량이 가장 높은 견과류는 어떤 걸까요?

① 아몬드
② 호두
③ 땅콩
④ 피스타치오
⑤ 캐슈너트

A 호두

72%가 지방으로 구성된 호두는 견과류 중에서도 지방 함량이 월등히 높아요. 호두 다음으로는 아몬드(50%), 캐슈너트(48%), 땅콩(42%), 피스타치오(24%) 순으로 지방 함량이 높답니다. 고지방 식단에서 견과류를 섭취할 일이 있다면 호두를 선택하는 것이 좋겠죠?

마음대로 즐기는 '취향별 아침 레시피'

1. 아침 먹을 시간이 많지 않아요.
① 리코타카프레제 ② 밀크아몬드셰이크 **③** 간편식 1 **④** 간편식 2

2. 어린이나 중·장년층 어른도 같이 먹어요.
① 리코타카프레제 **②** 밀크아몬드셰이크 ③ 간편식 1 ④ 간편식 2

3. 프레시한 식단이 좋아요.
① 리코타카프레제 ② 밀크아몬드셰이크 ③ 간편식 1 ④ 간편식 2

후보 1. 신선한 식단이 좋다면 '프레시형'

리코타 카프레제 p.116

주재료	리코타 치즈	영양 성분 198kcal
소요 시간	10~15분	순탄수화물 12g
조리 방법	썰기	지방 14g
		단백질 7g
예상 재료비	3,000원	나트륨 230mg
		식이 섬유 2.6g

후보 2. 어린이 입맛의 '어른이형'

밀크 아몬드 셰이크 p.117

주재료	아몬드	영양 성분 223kcal
소요 시간	5분 이내	순탄수화물 12g
조리 방법	갈기	지방 15g
		단백질 10g
예상 재료비	2,000원	나트륨 73mg
		식이 섬유 2.3g

후보 3. 아침이 언제나 바쁜 '간편식 1'

방탄커피, 치즈를 만났네 p.117

주재료	사과	영양 성분 203kcal
소요 시간	10분 이내	순탄수화물 11g
조리 방법	커피 타기	지방 15g
		단백질 9g
예상 재료비	2,000원	나트륨 100mg
		식이 섬유 2.3g

후보 4. 아침이 언제나 바쁜 '간편식 2'

달걀과 아이들 p.117

주재료	달걀	영양 성분 214kcal
소요 시간	10분 이내	순탄수화물 9g
조리 방법	삶기	지방 14g
		단백질 13g
예상 재료비	2,000원	나트륨 71mg
		식이 섬유 6.8g

리코타 카프레제

카프레제는 보통 모차렐라 치즈로 만들지만 리코타 치즈로 만드는 것도 좋은 방법이에요. 식감이 훨씬 크리미해 아삭한 토마토와 참 잘 어울리거든요.

재료
리코타 치즈 80g
토마토 1개(150g)

양념&소스
발사믹 드레싱 1스푼

맛있는 다이어트
모차렐라 치즈로 만들었을 때보다 질감이 훨씬 부드러워요.

① 토마토는 먹기 좋은 크기로 썬다.

② 토마토 위에 리코타 치즈를 올리고 발사믹 드레싱을 뿌린다.
오리엔탈 드레싱으로 대체해도 좋아요.

밀크아몬드셰이크

고소하고 담백한 맛 덕분에 남녀노소 호불호가 없는 셰이크예요. 간편하고 맛도 좋아 한번 마시면 자주 생각난답니다.

재료 아몬드 8알(16g), 흰 우유 200㎖
맛있는 다이어트 저탄수 식단을 함께 하지 않는 가족에게는 꿀을 1스푼 넣어주세요.

① 모든 재료를 믹서에 넣고 간다.
   흰 우유는 무가당 두유로 대체해도 좋아요.

(NOTE) 소금이나 설탕으로 조미한 아몬드를 사용하면 안 돼요. 맛도 영양학적 가치도 떨어진답니다.

간편식 1. 방탄커피, 치즈를 만났네

특유의 달콤한 향이 좋은 코코넛 오일로 만든 방탄커피와 결대로 찢어 먹는 재미가 있는 스트링 치즈, 달콤 아삭한 사과로 구성한 식단입니다. 빠르게 먹을 수 있어 아침에 바쁜 분들에게 추천해요.

재료 에스프레소 1샷, 코코넛 오일 1스푼, 스트링 치즈 1개(20g), 사과 ⅓개(80g)

① 에스프레소 1샷과 코코넛 오일을 섞고 뜨거운 물을 붓는다.
   에스프레소는 커피가루 1스푼, 코코넛 오일은 버터 10g으로 대체해도 좋아요

② 스트링 치즈, 사과와 함께 먹는다.
   사과 대신 키위 1개나 바나나 ½개 또는 귤 1개로 바꿔도 돼요.

(NOTE) 코코넛 오일은 저온에서 굳는 경향이 있어요. 따라서 차갑게 먹을 수는 없답니다.

간편식 2. 달걀과 아이들

3주 차 아침 식단 중 만들기가 가장 간편하고 들고 나가기도 좋은 메뉴입니다. 달걀은 완전식품이라 불릴 만큼 단백질 구성이 좋고 적당량의 지방이 들어 있어요. 견과류, 토마토와 함께 먹으면 균형 잡힌 저탄고지 한 끼가 완성됩니다.

재료 달걀 1개, 견과류 20g(호두 3알 또는 아몬드 10알), 토마토 1개(150g)

① 달걀은 삶아서 준비한다.
   훈제란이나 구운 달걀도 좋아요. 달걀 프라이로 먹고 싶다면 식용유 1스푼을 쓰고 견과류는 10g만 사용하세요.

② 견과류, 토마토와 함께 먹는다.
   토마토 대신 오이로 대체해도 좋아요.

점심 고르기

3주 차 점심 메뉴 선택 전 반드시 알아야 할 '상식 사전'

Q 다음 곡물 중 지방 함량이 가장 높고 탄수화물 함량은 가장 적은 것은 무엇일까요?

① 현미
② 통밀
③ **귀리**
④ 보리
⑤ 수수

A 귀리

정답은 귀리입니다. 대부분의 곡류가 탄수화물 함량이 70~80%인 반면 귀리는 65%가 탄수화물이고 지방과 단백질은 각각 8%, 13%를 차지해요. 또 식이 섬유가 차지하는 비율도 18%로 배변 활동에 도움을 주는 아주 유익한 곡물이죠.

마음대로 즐기는 '취향별 점심 레시피'

1. 한식으로 먹고 싶어요.
① 참치달걀죽　② 오트밀크림수프　③ 치킨치즈토르티야롤　**④** 차돌박이비빔국수

2. 기운이 너무 없어요.
① 참치달걀죽　**②** 오트밀크림수프　③ 치킨치즈토르티야롤　**④** 차돌박이비빔국수

3. 도시락 싸기 좋은 메뉴 있나요?
① 참치달걀죽　② 오트밀크림수프　**③** 치킨치즈토르티야롤　④ 차돌박이비빔국수

참치달걀죽 p.120

주재료	참치	영양 성분 410kcal	
소요 시간	10~15분		순탄수화물 21g
			지방 24g
조리 방법	끓이기		단백질 25g
			나트륨 560mg
예상 재료비	2,000원		식이섬유 1g

오트밀크림수프 p.122

주재료	오트밀(귀리)	영양 성분 397kcal	
소요 시간	10~15분		순탄수화물 38g
			지방 22g
조리 방법	끓이기		단백질 12g
			나트륨 80mg
예상 재료비	2,000원		식이섬유 7.5g

내 맘대로
골라 먹는
3주 차 점심

후보 3. 도시락 싸기 좋은 '도시락형'

치킨치즈토르티야롤 p.124

주재료	닭 다리살	영양 성분 396kcal	
소요 시간	20~30분		순탄수화물 22g
			지방 25g
조리 방법	볶기		단백질 19g
			나트륨 500mg
예상 재료비	2,000원		식이섬유 2.4g

후보 4. 한식으로 기운 차리는 '든든형'

차돌박이비빔국수 p.126

주재료	차돌박이	영양 성분 405kcal	
소요 시간	20~30분		순탄수화물 29g
			지방 23g
조리 방법	삶기		단백질 21g
			나트륨 550mg
예상 재료비	4,000원		식이섬유 7.7g

점심 후보 1

참치

참치달걀죽

부피감 있는 식단이 필요할 때, 따뜻하게 속 편한 음식이 필요할 때 추천하는 메뉴예요.
식단에 생선이 포함된 음식을 일주일 중 하루 이틀은 꼭 포함시키는 것이 바람직하답니다.

20%
순탄수화물

재료포인트
참치 기름을 제외한 살코기 무게입니다.

필수 재료	참치 90g, 달걀 1개, 채소밥 80g
집에 있는 재료	참기름 1스푼
추가하면 좋은 재료	대파, 부추, 쪽파
곁들이면 좋은 밑반찬	저염 백김치
맛있는 다이어트	자극적인 소스나 양념을 곁들이지 않아 속이 편해요.

□ EASY
□ MEDIUM
□ HARD

10~15 min

끓이기

냉동 보관(일주일)

410kcal

①   물 3종이컵과 채소밥을 넣고 끓인다.

②   죽이 거의 완성됐을 때쯤 달걀을 풀어 넣고 섞는다.

③   달걀이 다 익으면 불을 끈 뒤 참치와 참기름을 넣고 섞는다.

        참치는 오래 익히면 푸석푸석해져 식감이 나빠져요.

오트밀 | 오트밀크림수프

오트밀에 있는 식이 섬유는 물과 만나 끓으면 되직해져요.
이런 성질이 걸쭉하고 농도 짙은 크림수프를 만드는 데 많은 도움을 준답니다.

38%
순탄수화물

재료포인트
오트밀은 식이 섬유 함량이 높아 변비가 있는 분들에게 좋습니다. 분말형이 아니어도 괜찮아요.

필수 재료	오트밀(귀리) 40g, 우유 200㎖, 생크림 3스푼(30g)
추가하면 좋은 재료	양송이버섯, 소금
맛있는 다이어트	생크림은 휘핑되지 않고 설탕이 들어가지 않은 것으로 구입하세요.

□ EASY
□ MEDIUM
□ HARD

10~15 min

끓이기

냉장 보관(2~3일)
냉동 보관(2주일)

397kcal

① 　오트밀은 물 ½종이컵과 함께 약한 불에서 끓인다.

② 　오트밀이 불면 우유와 생크림을 넣고 약한 불에서 계속 저어주며 끓인다.
　　 강한 불에서 끓이면 바닥이 탈 수 있어요. 생크림은 버터 15g으로 대체 가능해요.

③ 　농도가 적당해지면 불을 끈다.

닭다리살 | 치킨치즈토르티야롤

치킨과 치즈의 조합은 언제나 옳습니다.
쫄깃하고 부드러운 토르티야 위에 올린 치킨, 치즈 토핑은 다이어트 중이 아니어도 먹고 싶은 맛입니다.

22%
순탄수화물

재료포인트
닭다리살은 다른 부위보다 지방이 풍부합니다.
그렇기 때문에 닭 가슴살이나 닭 안심을 쓴다면 버터 ½스푼을 추가하세요.

필수 재료	토르티야 1장, 닭 다리살 50g, 슬라이스 치즈 1장, 상추 2~3장, 양파 1~2스푼
양념&소스	마요네즈 1스푼
집에 있는 재료	올리브 오일 1스푼, 소금·후춧가루 약간
추가하면 좋은 재료	카옌페퍼(곱게 간 고춧가루), 양송이버섯, 할라피뇨, 사워크림
곁들이면 좋은 밑반찬	무설탕 피클
맛있는 다이어트	양송이버섯이나 할라피뇨를 추가해 평소 취향대로 즐기며 다이어트를 해보세요.

☐ EASY
☑ MEDIUM
☐ HARD

20~30 min

볶기

냉장 보관(1~2일)

396kcal

① 닭고기, 양파는 칼로 잘게 다져서 준비한다.

② 닭고기는 소금, 올리브 오일 ½스푼, 후춧가루로 밑간한다.

③ 달군 팬에 올리브 오일 ½스푼을 두르고 닭 다리살, 양파를 함께 볶는다.

④ 한 김 식힌 뒤 마요네즈와 섞는다.

여기까지 완성한 토핑은 3~4일간 냉장 보관 가능하니 미리 3~4회분 만들어두어도 좋아요.

⑤ 도마 위에 랩을 깔고 토르티야, 치즈, 상추, 양파, 볶은 닭 다리살 순으로 올린다.

⑥ 랩을 말아가며 김밥처럼 싼다.

랩을 이용하면 터지지 않게 쌀 수 있고 냉장 보관하기에도 좋답니다.

차돌박이 | 차돌박이비빔국수

지방이 많은 부위 중 하나인 차돌박이는 얇게 썰려 있어 국수와 함께 먹기 좋아요.
탄수화물을 줄이기 위해 면의 양은 대폭 줄이고 면을 대체할 채소를 듬뿍 담았어요.

29%
순탄수화물

재료포인트
차돌박이 대신 우삼겹이나 대패 삼겹으로 대체해도 좋아요.

필수 재료	차돌박이 100g, 팽이버섯 100g, 당근 100g, 소면 20g
양념&소스	토마토고추장 1스푼
집에 있는 재료	참기름 ½스푼, 소금 ½스푼
추가하면 좋은 재료	양파, 쪽파
곁들이면 좋은 밑반찬	저염 장아찌, 마늘초절임
맛있는 다이어트	채소와 팽이버섯을 면 대신 먹어 탄수화물은 덜어내고 비타민은 더하세요.

□ EASY
□ MEDIUM
□ HARD

20~30 min

삶기

냉장 보관(당일 섭취)

405kcal

① 끓는 물에 소금을 넣고 소면과 채 썬 당근을 넣고 익힌다.

② 소면이 거의 다 익어가면 팽이버섯을 넣고 1분 정도 잠깐 익히고 불을 끈다.

③ 차돌박이는 소금 간을 약간 하고 팬에 굽는다.
굽고 난 기름은 버립니다

④ 익힌 소면과 채소에 고추장, 참기름을 올려 비빈다.

⑤ 그 위에 구운 차돌박이를 올린다.

저녁 고르기

3주 차 저녁 메뉴 선택 전 반드시 알아야 할 '상식 사전'

Q 고등어, 장어같이 지방이 풍부한 생선에 많은 비타민으로 뼈를 튼튼하게 하고 불면증, 우울증을 예방하는 효과가 있는 영양소는 무엇일까요?

① 비타민 A
② 비타민 C
③ 비타민 K
④ 비타민 U
⑤ 비타민 D

A 비타민 D
비타민 D는 햇빛을 받으면 피부에서 합성되기도 하지만 자외선 차단제를 바르고 실내 생활을 주로 하는 현대인에게는 부족한 영양소입니다. 국민건강영양조사에 따르면 한국인 93%가 비타민 D 결핍 상태라고 하네요. 결국 음식으로 잘 섭취해야 하는데, 대표적인 비타민 D 공급원은 기름진 생선입니다. 생선 굽기가 조금 귀찮고 냄새가 걱정되더라도 꼭 한 번씩은 요리해주세요.

마음대로 즐기는 '취향별 저녁 레시피'

1. 한번 만들어 오래 먹는 메뉴가 좋아요.
① 차돌박이부추볶음 ② 허브갈릭고등어구이 ③ 베이컨브로콜리오븐구이 ④ 감자비프그라탱

2. 변비가 있어서 식이 섬유가 필요해요.
① 차돌박이부추볶음 ② 허브갈릭고등어구이 ③ 베이컨브로콜리오븐구이 ④ 감자비프그라탱

3. 이상지질혈증이 있어요.
① 차돌박이부추볶음 ② 허브갈릭고등어구이 ③ 베이컨브로콜리오븐구이 ④ 감자비프그라탱

차돌박이부추볶음 p.130

주재료	차돌박이	영양 성분 416kcal	
소요 시간	10~15분		순탄수화물 36g
			지방 20g
조리 방법	볶기		단백질 23g
			나트륨 520mg
예상 재료비	5,000원		식이섬유 2.3g

후보 2. 혈관을 튼튼하게 '무병장수형'

허브갈릭고등어구이 p.132

주재료	고등어	영양 성분 416kcal	
소요 시간	20~25분		순탄수화물 25g
			지방 22g
조리 방법	굽기		단백질 27g
			나트륨 89mg
예상 재료비	3,000원		식이섬유 2.3g

내 맘대로
골라 먹는
3주차저녁

후보 3. 내일 아침 배가 가벼워지는 '식이 섬유형'

베이컨브로콜리오븐구이 p.134

주재료	베이컨	영양 성분 423kcal	
소요 시간	30~40분		순탄수화물 22g
			지방 26g
조리 방법	데치기, 오븐 조리		단백질 25g
			나트륨 900mg
예상 재료비	4,000원		식이섬유 9g

후보 4. 한번 만들면 끼니 걱정 끝 '저장형2'

감자비프그라탱 p.136

주재료	소고기	영양 성분 397kcal	
소요 시간	40~50분		순탄수화물 17g
			지방 23g
조리 방법	볶기, 삶기, 오븐 조리		단백질 30g
			나트륨 590mg
예상 재료비	4,000원		식이섬유 2.5g

차돌박이 | 차돌박이부추볶음

소고기 중 지방이 많은 부위인 차돌박이는 저탄고지 식단의 좋은 재료가 됩니다.
부추를 넣어 담백하게 즐기세요.

34%
순탄수화물

재료포인트
부추는 피로 해소에 도움이 되는 비타민 B_1이 풍부한 식품입니다.

필수 재료	차돌박이 100g, 부추 100g, 양파 100g, 마늘 6~8톨(30g), 곤약밥 100g
집에 있는 재료	겨자간장소스 1스푼
추가하면 좋은 재료	청양고추, 후춧가루
맛있는 다이어트	겨자를 넣은 간장소스에 후춧가루나 청양고추를 곁들여 느끼하지 않게 즐길 수 있습니다.

☐ **EASY**
☐ MEDIUM
☐ HARD

10~15 min

볶기

냉장 보관(2~3일)

416kcal

①   마늘은 편 썰고, 양파는 채 썰고, 부추는 손가락 길이로 썰어 준비한다.

②   달군 팬에 마늘과 차돌박이를 함께 익힌다.

③   차돌박이가 충분히 익으면 양파와 부추를 넣고 함께 볶는다.

④   불을 끄고 겨자간장소스를 뿌린 뒤 접시에 옮겨 담는다.
     약간의 소금으로 소스를 대체해도 좋아요

⑤   곤약밥 100g과 함께 먹는다.
     채소밥이나 버섯밥도 좋아요

고등어 | 허브갈릭고등어구이

마늘과 허브로 시즈닝해서 더욱더 맛있는 고등어구이에는 불포화지방산이 풍부합니다.
저탄고지 식사를 하는 분이 챙겨 먹으면 좋은 식품이니 조금 번거롭더라도 꼭 한번 먹어보기를 권합니다.

24%
순탄수화물

재료포인트
로즈메리는 마트에서 판매하는 말린 로즈메리를 사용해도 괜찮습니다.

재료포인트
고등어는 불포화지방산이 풍부한 식품입니다. 손질한 냉동 고등어를 구입하는 것도 좋습니다.

필수 재료	고등어 150g(뼈 무게 제외), 로즈메리 손가락 길이, 채소밥 100g, 마늘 5톨(20g)
집에 있는 재료	올리브 오일 2스푼
추가하면 좋은 재료	와사비, 레몬즙
곁들이면 좋은 밑반찬	저염 장아찌
맛있는 다이어트	고등어에 소금 대신 마늘과 허브로 풍미를 더해 건강하고 날씬하게 즐길 수 있어요.

① 달군 팬에 올리브 오일을 두르고 약한 불로 줄인 뒤 마늘과 로즈메리를 함께 볶는다.
　올리브 오일은 일반 식용유로 대체해도 좋아요.

② 마늘이 갈색으로 변하기 시작하면 고등어를 살코기 부분이 바닥에 닿게 올리고 굽는다.
　껍질을 먼저 익히면 안 돼요. 껍질이 빠르게 수축하면서 생선이 동그랗게 말려 골고루 굽기 힘들 수 있어요.

③ 바닥 면이 충분히 익었을 때 뒤집고 로즈메리는 꺼낸다.
　마늘도 충분히 익었다면 함께 꺼내세요.

④ 껍질까지 모두 잘 익으면 그릇에 옮겨 담아 채소밥과 함께 먹는다.

베이컨 | 베이컨브로콜리오븐구이

칼슘과 식이 섬유가 풍부한 브로콜리와 베이컨이 만났어요.
베이컨의 훈연 향이 브로콜리에 배어 브로콜리를 좋아하지 않아도 맛있게 먹을 수 있을 거예요.

21%
순탄수화물

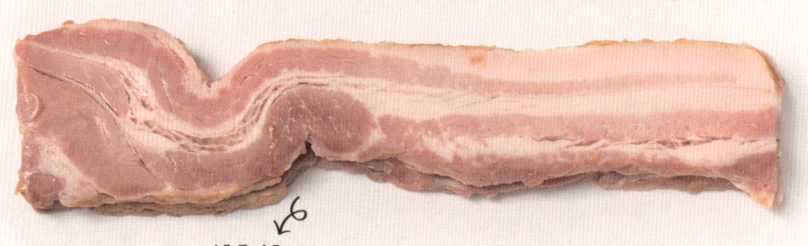

재료포인트
저염 베이컨을 추천해요.

재료포인트
노랗게 시들지 않고 초록색이 선명한 것을 구매하세요.

필수 재료	베이컨 70g, 브로콜리 350g, 버터 10g, 파르메산 치즈가루 20g
집에 있는 재료	소금·후춧가루 약간
곁들이면 좋은 밑반찬	무설탕 피클
맛있는 다이어트	베이컨이 들어가면 언제나 요리는 성공적이죠! 짭조름한 맛을 즐기며 다이어트하세요.

①   브로콜리는 깔끔하게 씻어 한 입 크기로 썬다.
　　　 냉동 브로콜리도 괜찮아요 브로콜리 대신 당근을 사용해도 좋아요.

②   베이컨은 잘게 다져서 준비한다.

③   브로콜리는 소금을 넣은 끓는 물에 1~2분간 데친다.

④   브로콜리를 체에 밭쳐 물기를 제거하고 파르메산 치즈가루와 녹인 버터, 후춧가루를 브로콜리와 섞는다.
　　　 파르메산 치즈가 없다면 버터 10g을 추가하세요.

⑤   오븐용 용기에 브로콜리를 담고 그 위에 베이컨을 뿌린 뒤, 180℃로 예열한 오븐에서 10~15분간 굽는다.
　　　 오븐이 없다면 프라이팬에 볶아도 돼요.

소고기 | 감자비프그라탱

치즈가 주욱 늘어나는 그라탱은 언제 먹어도 참 맛있죠.
바짝 구운 소고기를 부드러운 감자로 감싸 두 종류의 치즈를 얹은 그라탱은 한번 먹으면 잊지 못할 거예요.

17%
순탄수화물

재료포인트
너무 기름진 소고기는 그라탱 위에 기름이 동동 떠다니게 하고 맛을 해쳐요.
갈비, 등심, 우삼겹, 차돌박이는 피하세요.

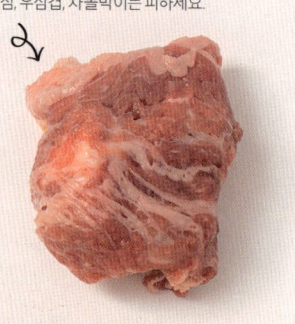

재료포인트
감자는 초록빛이 돌면 독성이 있을 수 있어요.
잘 보고 구매하세요.

필수 재료	소고기 70g, 감자 100g, 슬라이스 치즈 1장, 모차렐라 치즈 30g, 버터 10g
집에 있는 재료	소금 약간
추가하면 좋은 재료	양송이버섯(소고기 볶을때 함께)
맛있는 다이어트	맛과 질감이 다른 치즈 두 가지를 이용해 고소한 맛을 극대화했어요.

□ EASY
□ MEDIUM
□ HARD

40~50 min

볶기, 삶기, 오븐 조리

냉동 보관(2주일)

397kcal

① 쪄서 으깬 감자는 따뜻할 때 버터, 슬라이스 치즈와 섞어둔다.
파르메산 치즈 또는 모차렐라 치즈 20g으로 대체해도 좋아요.

② 소고기는 달군 팬에 소금 간을 해서 바싹 굽는다.

③ 감자와 소고기를 섞은 뒤 모차렐라를 뿌리고 오븐에 10~15분 정도 굽는다.
냉동 보관한다면 굽기 전에 보관해주세요. 오븐이 없다면 전자레인지에 돌려서 치즈를 녹인 뒤 먹어도 됩니다.

4주차

자유식 없는 완벽한 저탄고지

하루 섭취	**1,000kcal**
감량 목표	**−1kg**
핵심 목표	자유식 없는 완벽한 한 주 보내기

Check List

1. 3주 차 식단이 할 만했나요?
   - ⃝ 너무 힘들었다.
   - ⃝ 괜찮았다.
   - ⃝ 문제 없이 했다.
2. 체중이 목표치만큼 빠졌다.
   - ⃝ 적게 빠졌다.
   - ⃝ 비슷하게 빠졌다.
   - ⃝ 더 많이 빠졌다.
3. 무기력하고 피곤하다.
   - ⃝ 자주 피곤하다.
   - ⃝ 평소와 비슷하다.
   - ⃝ 컨디션이 괜찮다.

1
섭취 칼로리가 1,200kcal에서 1,000kcal로 줄어들면서 적어진 식사량을 체감하고 힘들었을 수도 있을 것 같아요. 특히 아침 식단 칼로리가 가장 크게 줄어서 오전에 기운이 없었을까봐 걱정이 되네요. 1,000kcal 식단이 배고파서 적응하기 힘들었다면 1,200kcal 식단으로 돌아가도 괜찮아요. 아니면 간식을 조금씩 추가해도 좋고요. 만약 컨디션은 괜찮은데 요리를 하고 식단을 챙기는 게 귀찮고 힘들었다면 일주일 식단을 조금 더 간소화해도 좋아요. 예를 들면 아침 식단은 간편식으로만 하고 점심, 저녁은 한두 가지 메뉴로만 구성하는 거죠. 다양하게, 완벽하게 하려는 마음이 어쩌면 다이어트를 방해하고 있는지도 몰라요.

2
저탄수 다이어트 식단은 키 160cm, 몸무게 70kg인 여성을 기준으로 목표치를 잡았어요. 하지만 체중과 키가 비슷한데 감량되는 수준이 현저히 낮았다면 먼저 자유식을 할 때 지나치게 과식하지는 않았는지, 또는 '이 정도는 괜찮을 거야'라고 생각하며 허용되지 않은 간식을 먹진 않았는지 점검해볼 필요가 있어요. 만약 식단대로 완벽하게 했는데도 감량 폭이 적었다면 체질, 기초대사량, 활동량 등의 영향을 받았을 가능성이 높아요. 이런 분들은 운동을 하고 있지 않다면 가벼운 운동을 시작해보시길 바랍니다. 반면 '더 많이 빠졌다'를 선택하신 분도 있겠죠? 식단보다 더 적게 먹진 않았는지, 지나친 고강도 혹은 장시간 운동을 하고 있지 않은지 점검해보세요.

3
다이어트가 4주 차에 접어들고 가장 빠른 에너지원인 탄수화물의 섭취를 줄이다 보면 무력감, 피곤은 어찌 보면 자연스럽게 따라오는 문제인 것 같아요. 하지만 일생생활을 방해할 정도라면 개선이 필요하겠죠? 먼저 에너지 대사를 원활하게 해 힘이 날 수 있게 해주는 비타민 B군과 카르니틴을 챙겨 먹으면 좋아요. 비타민 B군은 탄수화물, 단백질, 지방이 분해되어 에너지원으로 사용될 수 있게 해주죠. 카르니틴은 비타민처럼 필수영양소는 아니지만 지방 분해에 필수인 영양소로 고지방 식사를 할 때 넉넉히 채울 수 있다면 무기력증을 해소하고 체지방 분해에도 도움을 받을 수 있어요.

나만의 4주차 식단 짜기

이번 주 메뉴를 쭉 둘러보고 마음에 드는 것을 먼저 선택해보세요. 그리고 요일마다 하나씩 채워보세요. 이번 주는 특히 해산물이 들어간 메뉴가 많지만 어렵지 않을 거예요

☛ 전문가의 이번 주 추천 식단

이번 주에는 다이어트를 조금 편하게 하시라고 요리가 전혀 없는 날을 이틀 만들었어요. 물론 당일 만든 따끈한 요리가 좋은 분은 매일매일 요리해도 되지만 아마 대부분이 시간을 아끼길 원하실 거예요. 보쌈, 돼지목살구이 등은 미리 만들어 냉장 보관해두면 퍽퍽해지는 경향이 있는데, 드실 때 전자레인지가 아닌 팬에 물을 소량 넣고 한번 볶으면 먹기가 좀 더 수월할 거예요. 그리고 눈치채셨겠지만 마지막 주에는 자유식이 없답니다. 약속은 미리미리 다음 주로 미루세요. 마지막 주인 만큼 최선을 다해서 유혹을 이겨내봅시다.

	MON	TUE	WED	THR	FRI	SAT	SUN
BREAKFAST	간편식 1	간편식 2	간편식 1	간편식 2	닭다리살샐러드	닭다리살샐러드	버터초코셰이크
LUNCH	삼겹살보쌈	삼겹살보쌈	버터새우장덮밥	버터새우장덮밥	버터새우장덮밥	참치버섯전	참치버섯전
DINNER	연어버터구이	연어버터구이	스테이크덮밥	스테이크덮밥	돼지목살 마늘구이	돼지목살 마늘구이	새우크림파스타

//////// 당일 요리가 필요한 메뉴

☛ 추천 식단대로 할 경우 해야 할 일

SUN	저탄수밥 6회분 만들어 냉동 보관	
MON	삼겹살보쌈 2회분 만들기	연어버터구이 2회분 만들기
TUE	**요리없는 날!**	
WED	버터새우장 3회분 만들기	스테이크덮밥 2회분 만들기
THR	**요리없는 날!**	
FRI	닭다리살샐러드 만들기	돼지목살마늘구이 2회분 만들기
SAT	닭다리살샐러드 만들기	참치버섯전 2회분 만들기
SUN	버터초코셰이크 만들기	새우크림파스타 만들기

저탄고지 4주 차

아침 고르기

4주 차 아침 메뉴 선택 전 반드시 알아야 할 '상식 사전'

Q 다음 중 탄수화물 함량이 가장 높은 것은 어떤 식품일까요?

① 흰 우유
② 무가당 두유
③ 코코넛 워터
④ 아몬드 우유
⑤ 양배추즙

A 흰 우유

우유를 단백질 식품으로 생각하는 분이 많은데, 사실 우유에는 단백질이나 지방보다 탄수화물(유당)이 더 많이 들어 있답니다. 탄수화물은 약 5%, 단백질과 지방은 3% 정도예요. 따라서 저탄수 식단을 할 때 섭취량에 주의해야 하는 식품이기도 하죠. 참고로 '락토프리, 유당 분해 우유는 괜찮지 않을까?'하고 생각하는 분도 있을 텐데, 유당을 분해해서 더 작은 단위의 단당류로 바꿨을 뿐 전체 탄수화물 함량에는 큰 차이가 없답니다.

마음대로 즐기는 '취향별 아침 레시피'

1. 달달한 것이 좋아요.
① 닭다리살샐러드   ② 버터초코셰이크   ③ 간편식 1   ④ 간편식 2

2. 비타민이 풍부한 과일을 원해요.
① 닭다리살샐러드   ② 버터초코셰이크   ③ 간편식 1   ④ 간편식 2

3. 단백질도 넉넉히 섭취하고 싶어요.
① 닭다리살샐러드   ② 버터초코셰이크   ③ 간편식 1   ④ 간편식 2

닭다리살샐러드 p.142

주재료	닭 다리살	영양성분 230kcal
소요 시간	10~15분	순탄수화물 13g
조리 방법	굽기	지방 13g
		단백질 15g
예상 재료비	2,500원	나트륨 365mg
		식이섬유 4g

버터초코셰이크 p.143

주재료	카카오가루	영양성분 198kcal
소요 시간	10분 이내	순탄수화물 6g
조리 방법	셰이크 타기	지방 15g
		단백질 11g
예상 재료비	1,500원	나트륨 162mg
		식이섬유 5g

내 맘대로 골라 먹는 4주차 아침

블루 요거트와 방탄커피 p.143

주재료	블루베리	영양성분 199kcal
소요 시간	10분 이내	순탄수화물 15g
조리 방법	없음	지방 13g
		단백질 5g
예상 재료비	2,000원	나트륨 71mg
		식이섬유 3g

아보카도는 사과를 좋아해 p.143

주재료	사과, 아보카도	영양성분 202kcal
소요 시간	5분 이내	순탄수화물 17g
조리 방법	없음	지방 14g
		단백질 2g
예상 재료비	2,000원	나트륨 18mg
		식이섬유 5g

닭다리살샐러드

닭가슴살샐러드는 퍽퍽해서 싫어하시나요? 쫄깃하고 부드러운 닭다리살로 만든 샐러드는 퍽퍽하지 않아 좀 더 맛있게 즐길 수 있어요.

재료
닭 다리살 70g
양상추 150g
양파 100g
버터 10g

집에 있는 재료
소금 약간
후춧가루 약간

추가하면 좋은 재료
파프리카
할라피뇨
카옌페퍼(닭고기 간할 때
사용)

곁들이면 좋은 밑반찬
바질페스토

맛있는 다이어트
쫄깃하고 부드러운 닭 다
리살을 고소한 버터에 구
워 한층 더 부드럽고 촉촉
해요.

① 달군 팬에 버터를 녹이고 채 썬 양파를 먼저 볶는다.
   버터는 올리브 오일로, 양파는 토마토로 대체해도 좋아요

② 양파가 갈색으로 변하기 시작하면 소금, 후춧가루로 밑간한 닭 다리살을 함께 볶는다.

③ 닭 다리살이 모두 익으면 양상추에 올려 먹는다.

버터초코셰이크

버터와 초코가 만나 고소 달달한 맛이 2배가 된 셰이크입니다. 따뜻한 핫초코가 생각날 때 먹어보세요.

재료 카카오가루 1스푼(12g), 무당 두유 200㎖, 버터 10g
추가하면 좋은 재료 알룰로스 1스푼
맛있는 다이어트 우유 대신 두유를 넣어 탄수화물 함량을 더 줄였어요.

① 따뜻하게 데운 두유에 카카오가루와 버터를 넣는다.
카카오가루는 설탕이 없는 100%로 구입하세요. 버터는 코코넛 오일 1스푼으로 대체해도 좋아요.

② 분말과 버터가 잘 녹아들 때까지 블렌더나 수저로 섞는다.

(NOTE) 낮은 온도에서는 버터가 굳기 때문에 차갑게 먹을 수 없어요.

간편식 1. 블루 요거트와 방탄커피

든든한 아침을 책임지는 방탄커피, 유산균이 풍부한 요거트, 그리고 안토시아닌이 듬뿍 든 블루베리로 구성한 간단한 아침 식사예요.

재료 에스프레소 1샷, 버터 10g, 플레인 요거트 100㎖, 블루베리 1종이컵
맛있는 다이어트 플레인 요거트는 설탕을 넣지 않은 것으로 구입하세요.

① 에스프레소 1샷과 버터를 섞고 뜨거운 물을 부어 방탄커피를 만든다.
에스프레소는 커피가루 1스푼, 버터는 코코넛 오일 1스푼으로 대체해도 좋아요.

② 요거트, 블루베리와 함께 먹는다.
블루베리는 냉동 제품이 보관하기 좋고 저렴해요.

간편식 2. 아보카도는 사과를 좋아해

요거트보다 더 꾸덕하고 지방 함량이 높은 사워크림에 식이 섬유가 풍부한 사과와 식물성 지방이 풍부한 아보카도를 함께 버무려 먹는 아침 식사예요.

재료 사워크림 2스푼(30g), 사과 ½개(100g), 아보카도 50g

① 사과와 아보카도는 한 입 크기로 썰어서 준비한다.

② 사워크림과 섞어서 먹는다.

저탄고지 4주 차

점심 고르기

4주 차 점심 메뉴 선택 전 반드시 알아야 할 '상식 사전'

Q 다음 중 혈관 건강에 도움이 되는 오메가3 함량이 가장 높은 기름은 무엇일까요?

① 카놀라유

② 참기름

③ 들기름

④ 옥수수유

⑤ 대두유

A 들기름

들기름은 들깨를 볶고 압착해 짜내는 기름인데, 오메가3 함량이 무려 60% 가까이 됩니다. 오메가3 함량이 높은 편에 속하는 카놀라유의 오메가3 함량이 10% 정도라는 걸 생각하면 들기름의 함량은 어마어마한 수준이죠. 하지만 오메가3는 산소와 만나면 쉽게 산패하는 경향이 있으니 보관에 주의해야 합니다. 일반 식용유는 상온에 두고 쓰는 반면 들기름은 꼭 냉장 보관하라고 하는 이유가 바로 그것입니다. 참고로 들기름의 친구인 참기름은 오메가3 함량이 적은 편이에요. 따라서 포화지방이 많은 육류 요리에 기름을 써야 할 때 들기름을 애용하면 좋겠죠?

마음대로 즐기는 '취향별 점심 레시피'

1. 밥이 먹고 싶어요.
   ① 우삼겹깍두기볶음밥　② 참치버섯전　**③** 버터새우장덮밥　④ 삼겹살보쌈

2. 지방 함량이 확실히 높은 걸 원해요.
   ① 우삼겹깍두기볶음밥　**②** 참치버섯전　③ 버터새우장덮밥　**④** 삼겹살보쌈

3. 매콤한 걸 먹고 싶어요.
   ① 우삼겹깍두기볶음밥　② 참치버섯전　③ 버터새우장덮밥　④ 삼겹살보쌈

후보 1. 밥이 당기는 날에는 '매콤 한식형'

우삼겹깍두기볶음밥 p. 146

주재료	우삼겹	영양 성분 450kcal	
소요 시간	15~20분		순탄수화물 23g 지방 11g
조리 방법	볶기		단백질 23g 나트륨 604mg
예상 재료비	3,000원		식이 섬유 4g

후보 2. 지방 함량이 높은 '고지방형 1'

참치버섯전 p. 148

주재료	참치	영양 성분 397kcal	
소요 시간	20~25분		순탄수화물 22g 지방 27g
조리 방법	부치기		단백질 17g 나트륨 469mg
예상 재료비	2,000원		식이 섬유 4.3g

내 맘대로
골라 먹는
4주차 점심

후보 3. 밥이 당기는 날에는 '고소 한식형'

버터새우장덮밥 p. 150

주재료	새우	영양 성분 419kcal	
소요 시간	60분		순탄수화물 33g 지방 22g
조리 방법	끓이기		단백질 18g 나트륨 401mg
예상 재료비	3,500원		식이 섬유 0g

후보 4. 지방 함량이 높은 '고지방형 2'

삼겹살보쌈 p. 152

주재료	삼겹살	영양 성분 380kcal	
소요 시간	40~50분		순탄수화물 16g 지방 28g
조리 방법	삶기		단백질 17g 나트륨 300mg
예상 재료비	4,500원		식이 섬유 4.8g

우삼겹

20%
순탄수화물

우삼겹깍두기볶음밥

오독오독한 깍두기와 우삼겹이 만나 느끼하지 않고 참 맛있어요.
곤약밥으로 저탄수까지 만족시켰으니 안심하고 드세요.

재료포인트
우삼겹은 소고기 중 지방이 많은 부위입니다.
대패 삼겹살이나 차돌박이로 대체해도 좋습니다.

필수 재료	우삼겹 100g, 깍두기 100g, 곤약밥 100g
양념&소스	토마토고추장 ½스푼
집에 있는 재료	들기름 ½스푼
추가하면 좋은 재료	양파, 버섯
곁들이면 좋은 밑반찬	생강초절임, 마늘초절임
맛있는 다이어트	깍두기와 고추장을 넣어 느끼하지 않게 먹을 수 있어요.

□ EASY
□ MEDIUM
□ HARD

15~20 min

볶기

냉동 보관(일주일)

450kcal

① 깍두기는 잘게 썰어 준비한다.
   배추김치로 대체해도 좋아요.

② 달군 팬에 우삼겹을 볶다가 충분히 익으면 중간 불에서 약한 불로 줄여 깍두기, 양파와 토마토 고추장을
   넣고 볶는다.
   토마토 고추장이 없다면 고춧가루 ⅓스푼을 넣어주세요.

③ 곤약밥을 넣고 함께 볶다가 불을 끄고 들기름을 뿌린다.
   참기름을 사용해도 좋아요.

참치 | 참치버섯전

간편하고 저렴한 참치 캔을 이용한 버섯전입니다.
버섯과 참치의 감칠맛이 조화로워 남녀노소 모두 좋아하므로 다이어트를 하지 않는 가족과 먹어도 좋아요.

22%
순탄수화물

재료포인트
기름에 부치면 바삭하고 쫄깃해져 식감이 살아나요.

필수 재료	참치 60g, 버섯 100g, 부침가루 1.5스푼
집에 있는 재료	식용유 2스푼, 후춧가루 약간
추가하면 좋은 재료	청양고추, 당근, 양파
곁들이면 좋은 밑반찬	저염 백김치, 저염 장아찌
함께 먹으면 좋은 밥	채소밥
맛있는 다이어트	참치 캔의 짭조름한 맛을 충분히 즐기면서 살을 뺄 수 있어요.

①   부침가루와 물 ⅓종이컵을 섞어 반죽을 만든다.

②   다진 버섯과 참치, 후춧가루를 반죽에 섞는다.
        참치가 짭짤하기 때문에 소금 간은 별도로 하지 않는 게 좋아요

③   달군 팬에 식용유를 두르고 전을 부친다.
        참기름이나 들기름으로 해도 좋아요

새우 | 버터새우장덮밥

맛집으로 소문난 일식집에는 꼭 있다는 새우장덮밥. 새우와 버터의 조합은 말하지 않아도 최고라는 것, 아시죠?
한번 만들면 오래 두고 먹을 수 있어 의외로 편리한 메뉴랍니다.

31%
순탄수화물

알룰로스가 없다면 제외하거나 설탕 1스푼으로 대체할 수 있습니다.

재료포인트

재료포인트

새우의 감칠맛에 버터 한 조각을 얹으면 풍미가 부드럽고 진해져요.

필수 재료	새우 120g(4~5미, 손질 전 중량), 버터 10g, 곤약밥 150g, 달걀 1개
양념&소스	조림장(간장 ¼종이컵, 통후추 10알, 생강 10g, 마늘 5톨(20g), 맛술 ¼종이컵, 알룰로스 ¼종이컵)
추가하면 좋은 재료	청양고추, 쪽파, 대파(송송 썰어 새우장 위에 얹어 드세요), 다시마, 가쓰오부시(간장소스 끓일 때)
곁들이면 좋은 밑반찬	볶은 양파, 생강초절임, 마늘초절임
맛있는 다이어트	탱글한 새우의 식감이 특별하고 즐거운 식사를 완성해줘요.

① 새우는 이쑤시개로 등 쪽을 찔러 내장을 제거한 후 몸통 껍질과 머리를 떼어낸다.
　 머리와 껍질은 간장을 조릴 때 넣을 예정이니 버리지 마세요.

② 냄비에 물 3컵, 간장, 새우 껍질 등 소스 재료를 모두 넣고 팔팔 끓인다.

③ 미지근해질 때까지 충분히 식힌 뒤 체에 걸러 생강과 껍질 등을 제거한다.

④ 깨끗한 용기에 새우살을 담고 간장을 부은 뒤 냉장실에서 3시간 이상 숙성시킨다.
　 간장이 뜨거울 때 부으면 새우가 일부 익으면서 맛이 변질돼요. 꼭 충분히 식힌 뒤 부어주세요. 여기까지 완성된 새우장은
　 2주간 냉장 보관 가능하니 한번에 다량 만들어놓아도 좋아요.

⑤ 따뜻한 곤약밥에 버터를 녹이고 간장 새우 4~5마리와 달걀노른자를 얹은 뒤 섞어 먹는다.

삼겹살 | 삼겹살보쌈

다이어트 할 때 먹기가 망설여지는 보쌈. 이제 날씬하게 즐겨보세요! 만들기도 어렵지 않아요.
집에서 간단하게 만들어 온 가족과 함께 나눠 드세요.

17%
순탄수화물

재료포인트
보쌈용 삼겹살을 사용하면 지방 함량이 높아 저탄고지 식단으로 매우 좋습니다.
얇게 썬 것이 아니라 두껍게 썬 것으로 준비해주세요.

필수 재료	보쌈용 삼겹살 180g, 양배추 200g
국물용 재료	마늘 10톨(40g), 된장 1스푼, 통후추 10알
추가하면 좋은 재료	쌈채소, 오이, 청양고추, 월계수 잎·생강(보쌈 삶는 물에 함께 넣어요)
곁들이면 좋은 밑반찬	겨자소스부추무침, 토마토고추장(쌈장 대용)
맛있는 다이어트	밥 대신 양배추 쌈을 곁들여 좀 더 건강하게 드세요. 양배추 양을 300g까지 늘려도 좋아요.

□ EASY
■ MEDIUM
□ HARD

40~50 min

삶기

냉장 보관(3~4일)

380kcal

① 냄비에 삼겹살이 잠기도록 물을 붓고 마늘, 된장, 통후추를 넣은 뒤 20분 이상 끓인다.
집마다 화력이 다르니 고기가 익었는지 확인하며 끓이는 시간을 가감해야 합니다.

② 양배추는 물 ½종이컵을 담은 오목한 접시에 올려 전자레인지에 4~5분 돌린다.
냄비에 넣고 만두 찌듯 쪄도 좋아요.

③ 다 익은 고기를 꺼내 먹기 좋은 크기로 썰어 양배추 쌈과 함께 먹는다.

저탄고지 4주 차

저녁 고르기

4주 차 저녁 메뉴 선택 전 반드시 알아야 할 '상식 사전'

Q EPA, DHA 등 몸에 좋은 오메가3 지방산과 함께 비타민 A·D·E등 다양한 지용성비타민이 풍부한 단백질 식품은 무엇일까요?

① 정어리
② 연어
③ 새우
④ 소 등심
⑤ 돼지 목살

A 연어
연어는 몸에 좋은 오메가3 지방산이 다량 함유되어 있을 뿐만 아니라 시력 보호에 필요한 비타민 A와 피부 미용에 도움을 주는 비타민 E, 뼈를 튼튼하게 하는 비타민 D를 모두 함유한 식품입니다. 그 때문에 미국 등 여러 나라에서 수차례 슈퍼푸드로 선정되기도 했죠.

마음대로 즐기는 '취향별 저녁 레시피'

1. 씹는 맛이 있는 고기가 좋아요.
① 돼지목살마늘구이　② 연어버터구이　③ 스테이크덮밥　④ 새우크림파스타

2. 불포화지방산이 많은 식단을 원해요.
① 돼지목살마늘구이　② 연어버터구이　③ 스테이크덮밥　④ 새우크림파스타

3. 밖에서 사 먹는 것보다 맛있었으면 좋겠어요.
① 돼지목살마늘구이　② 연어버터구이　③ 스테이크덮밥　④ 새우크림파스타

후보 1. 고기가 생각나는 날엔 '육식형 1'

돼지목살마늘구이 p.156

주재료	돼지 목살	영양 성분 383kcal	
소요 시간	15~20분		순탄수화물 13g
			지방 25g
조리 방법	굽기		단백질 30g
			나트륨 82mg
예상 재료비	4,000원		식이 섬유 3.2g

후보 2. 불포화지방산이 많은 '고지방형'

연어버터구이 p.158

주재료	연어	영양 성분 405kcal	
소요 시간	25~30분		순탄수화물 25g
			지방 20g
조리 방법	굽기		단백질 32g
			나트륨 137mg
예상 재료비	5,000원		식이 섬유 9g

내 맘대로 골라 먹는 4주차 저녁

후보 3. 고기가 생각나는 날엔 '육식형 2'

스테이크덮밥 p.160

주재료	소고기	영양 성분 404kcal	
소요 시간	25~30분		순탄수화물 30g
			지방 22g
조리 방법	볶기		단백질 21g
			나트륨 980mg
예상 재료비	3,500원		식이 섬유 6.2g

후보 4. 별미가 생각나면 '미식형'

새우크림파스타 p.162

주재료	새우	영양 성분 412kcal	
소요 시간	30분		순탄수화물 26g
			지방 20g
조리 방법	볶기		단백질 32g
			나트륨 680mg
예상 재료비	4,500원		식이 섬유 9g

돼지목살 | 돼지목살마늘구이

4주 차 저녁 메뉴 중 가장 손쉽게 준비할 수 있는 메뉴이자 탄수화물 함량이 가장 낮은 메뉴예요.
저녁에 요리할 기운이 없는 분들에게 추천해요.

14%
순탄수화물

재료포인트
구이용 돼지고기는 냉동보다는 냉장 고기가 더 부드럽고 맛있어요.

필수 재료	돼지 목살 150g, 새송이버섯 1개(80g), 마늘 10톨(40g), 쌈 채소 적당량
집에 있는 재료	소금 · 후춧가루 약간
추가하면 좋은 재료	오이, 청양고추
곁들이면 좋은 밑반찬	겨자소스부추무침, 토마토고추장(쌈장 대용)
맛있는 다이어트	돼지 목살구이에 마늘 향을 입혀 좀 더 맛있게 구웠어요.

□ EASY
□ MEDIUM
□ HARD

15~20 min

굽기

냉장 보관(1~2일)

383kcal

① 달군 팬에 마늘과 돼지 목살을 함께 굽는다.

② 고기에서 기름이 빠져나오기 시작하면 슬라이스한 새송이버섯을 올려 함께 굽는다.
새송이버섯은 양송이버섯으로 대체해도 좋아요.

③ 충분히 익으면 그릇에 옮겨 담는다.
쌈 채소를 양 제한 없이 넉넉히 준비해 맛있게 싸서 드세요.

연어

25%
순탄수화물

연어버터구이

연어 '덕후'라면 그냥 지나치지 못할 메뉴인 연어버터구이.
몸에 좋은 연어에 조리법도 매우 간단하니 꼭 한번 요리해보세요.

재료포인트
훈제 연어가 아닌 생연어로 구매하는 걸 추천해요.

필수 재료	스테이크용 연어 120g, 버터 20g, 단호박 200g, 후춧가루 약간
추가하면 좋은 재료	레몬, 와사비(완성된 연어구이에 곁들이세요)
곁들이면 좋은 밑반찬	무설탕 피클
맛있는 다이어트	연어를 구워야 느껴지는 특유의 맛은 회로 먹을 때와는 또 다른 매력이 있답니다.

□ EASY
□ MEDIUM
□ HARD

25~30 min

굽기

냉장 보관(1~2일)

405kcal

①   연어는 후춧가루로 가볍게 간한다.

②   단호박은 얇게 썰어둔다.
전자레인지에 2~3분 돌려 구우면 빨리 익어요.

③   달군 팬에 버터를 녹이고 연어와 단호박을 함께 굽는다.
너무 강한 불에서 익히면 단호박이나 연어가 충분히 익기 전에 버터가 탈 수 있어요. 약한 불과 중간 불 사이를 유지하세요.

소고기 | 스테이크덮밥

간장 양념이 맛있게 밴 소고기를 다양한 채소와 함께 익혀 화르륵 볶아내면 맛있는 덮밥이 완성되죠.
게다가 버터와 함께라 맛이 한층 업그레이드돼요.

30%
순탄수화물

재료포인트
소고기는 부드러운 안심이 좋아요. 만일 기름이 적은 부위로 쓴다면 버터를 5~10g 더 사용하세요.

재료포인트
버터는 올리브 오일 1스푼으로
대체해도 좋아요.

재료포인트
채소밥이나 버섯밥과 함께 먹어도 좋아요.

필수 재료	소고기 100g, 당근 50g, 양파 50g, 표고버섯 50g, 버터 10g, 곤약밥 100g
양념&소스	굴소스 1스푼, 간장 ½스푼, 다진 마늘 ½스푼
집에 있는 재료	후춧가루 약간
맛있는 다이어트	고기에 불 맛을 더해 육질을 살렸어요.

☐ EASY
☐ MEDIUM
☐ HARD

25~30 min

볶기

냉장 보관(4~5일)

404kcal

① 소고기는 양념 재료와 모두 섞어 재워둔다.

② 당근, 양파, 표고는 한 입 크기로 썰어둔다.
당근은 익는 데 오래 걸리니 두껍게 썰면 안 돼요. 얇고 넓적하게 썰어주세요.

③ 달군 팬에 버터를 녹이고 당근, 소고기, 표고버섯, 양파 순으로 볶는다.
간장은 뜨거운 팬 위에서 잘 타므로 간장에 재운 소고기를 볶을 때 불 조절에 유의해주세요. 표고버섯은 새송이나 양송이 버섯으로 대체해도 좋아요.

④ 곤약밥에 볶은 소고기와 채소를 얹어서 먹는다.

새우 | 새우크림파스타

다이어트할 때 멀리했던 크림파스타가 탄수화물 함량은 낮고 지방은 풍부한 저탄고지 식단으로 변신했어요.
이제 외식하지 말고 집에서 다이어트하세요.

26%
순탄수화물

재료포인트
저지방 우유는 사용하면 안 돼요.
지방 함량이 적어 흔히 먹는 크림파스타 맛이 나지 않거든요.

재료포인트
생크림은 유통기한이 짧은 편이에요.
생크림이 없다면 버터 10g으로 대체해도 좋아요

필수 재료	칵테일 새우 100g(8~10미), 흰 우유 200㎖, 새송이버섯 250g, 생크림 20㎖, 양파 100g, 버터 5g
집에 있는 재료	후춧가루·소금 약간
추가하면 좋은 재료	카옌페퍼(곱게 간 고춧가루)
곁들이면 좋은 밑반찬	무설탕 피클
맛있는 다이어트	면을 버섯으로 대체해 탄수화물 함량을 낮췄어요.

① 새송이버섯과 양파는 면 느낌이 나도록 얇고 길게 썬다.

② 달군 팬에 버터를 녹이고 새우, 양파, 버섯을 함께 볶는다.

③ 채소에서 물이 나오기 시작하면 우유를 넣고 소금, 후춧가루로 간한다.
　　소금 대신 치킨 스톡을 사용해도 좋아요.

④ 새우가 다 익어가면 생크림을 넣은 뒤 농도가 적당해지면 불을 끈다.

4주 완성 정확히 저탄고단

PART 2

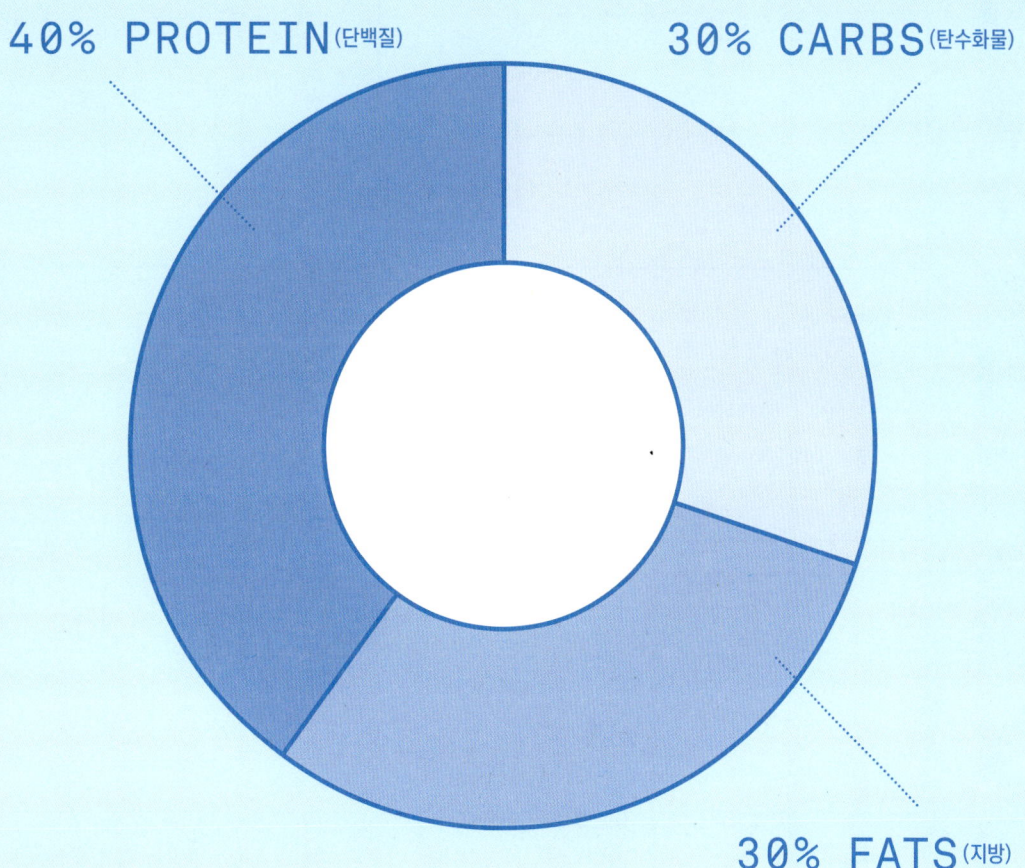

40% PROTEIN (단백질)

30% CARBS (탄수화물)

30% FATS (지방)

저탄고단 식단은 이름 그대로 탄수화물 섭취는 줄이고 단백질 섭취를 늘리는 식단이에요. 단백질은 탄수화물에 비해 소화 시간이 길고 복잡하기 때문에 소화 과정에서 에너지를 더 많이 사용하는 편이죠. 이 식단의 단백질 함량은 전체 칼로리의 25~35% 정도로 일반적인 권장량인 7~20%에 비하면 많은 단백질을 담았어요. 부피감 있고 씹는 맛이 중요한 다이어터라면 저탄고단 식단이 적합해요. 다양한 단백질 식품으로 든든한 다이어트를 시작해보세요.

운동 없이
6Kg 감량 4주 식단

운동을 하지 않아도 살이 빠지는 식단입니다. 다른 메뉴가 먹고 싶으시다고요?

걱정 마세요! 매 끼니별로 대체할 수 있는 비슷한 칼로리와 영양 성분의 메뉴를 함께 소개했으니, 입맛 따라 취향 따라 골라 드세요!

		MON	TUE	WED	THR	FRI	SAT	SUN
1주차 목표 감량 -2kg	아침	간편식 1	간편식 1	콥샐러드	콥샐러드	간편식 2	간편식 2	검정콩 바나나 스무디
	점심	소이갈릭치킨 주먹밥	고기듬뿍잡채	고기듬뿍잡채	소이갈릭치킨 주먹밥	오징어덮밥	자유식	자유식
	저녁	닭가슴살 표고버섯조림	닭가슴살 표고버섯조림	차슈덮밥	닭가슴살 표고버섯조림	차슈덮밥	해물볶음우동	차슈덮밥
2주차 목표 감량 -1.5kg	아침	간편식 1	간편식 2	간편식 1	간편식 2	베리콩요거트 스무디	간편식 1	슈림프샐러드
	점심	참치두부달걀밥	닭가슴살냉채	닭가슴살냉채	토마토치즈 오믈렛	닭가슴살 냉채	자유식	소고기김밥
	저녁	두부닭갈비 볶음밥	두부닭갈비 볶음밥	새우듬뿍 버섯파스타	두부닭갈비 볶음밥	문어비빔국수	두부그라탱	두부그라탱
3주차 목표 감량 -1.5kg	아침	간편식 1	간편식 2	닭가슴살샐러드	간편식 1	간편식 2	흰강낭콩 스무디	흰강낭콩 스무디
	점심	낙지김치죽	아롱사태냉채	아롱사태냉채	두부달걀찜	아롱사태냉채	자유식	두부달걀찜
	저녁	닭안심찜닭	닭안심찜닭	제육볶음	닭안심찜닭	제육볶음	바지락곤약술찜	제육볶음
4주차 목표 감량 -1kg	아침	간편식 1	간편식 1	간편식 2	간편식 2	간편식 1	간편식 2	게살샐러드
	점심	반숙달걀 장조림	반숙달걀 장조림	새우어묵	새우어묵	새우어묵	반숙달걀 장조림	닭가슴살 샌드위치
	저녁	닭가슴살 브로콜리찜	닭가슴살 브로콜리찜	소고기 장조림덮밥	참치두부죽	소고기 장조림덮밥	참치두부죽	소고기 장조림덮밥

☛ 4주 저탄고단 다이어트 완성을 위한 '7대 수칙'

1. **설탕이 들어갈 가능성이 높은 양념 육류는 피한다.**
   양념갈비, 불고기, 제육볶음 등

2. **당류가 10g 이상 포함된 음료는 마시지 않는다.**
   추천 음료 아메리카노, 녹차, 홍차, 허브티, 탄산수, 레몬수, 무설탕 모히토

3. **포만감을 늘리고 싶다면 식단에 닭 가슴살 50g 또는 달걀흰자 3개 정도 추가해도 좋다.**

4. **식단 외의 외식은 최대 주 2회 이하로 하며 밥, 빵, 면은 최대한 섭취하지 않도록 한다**
   외식 시 추천 메뉴 구운 치킨(소스 찍지 않고), 닭가슴살샐러드, 카프레제샐러드, 샤부샤부(죽이나 면 없이), 갈매기살구이,
   백숙, 삼계탕, 안심스테이크, 오징어회, 문어숙회, 새우소금구이, 조개찜, 조개구이, 생선회

5. **채소는 자유롭게 먹어도 좋다.**
   추천 채소 토마토, 오이, 파프리카, 양배추, 양상추, 콜리플라워, 브로콜리, 그 외 시금치 등 초록 잎채소

6. **전분이 많은 채소는 식단에 포함된 것 외에는 먹지 않는다.**
   고구마, 감자, 단호박, 옥수수, 콩 등

7. **주 2회 정도는 고등어, 참치 등 해산물을 섭취한다.**

☛ 위기의 순간에 먹는 '200kcal 저탄고단 간식'

식단을 진행하는 중 배고픔이 극에 달하는 순간이 올 수 있어요. 그런 경우 가장 좋은 건 수분 섭취와 칼로리가 낮은 채소를 먹는 것이지만
이런 것으로 해결되지 않는 경우도 있죠. 그래서 200kcal 저탄고지 간식을 알려드려요. 하루 한 번 아래 간식 중 하나를 택해 먹어보세요.

205 kcal	훈제란 2개 + 저지방 우유 200㎖
188 kcal	볶은 검정콩 30g
140 kcal	프로틴 바 1개(추천 제품 p. 37)
160 kcal	닭 가슴살 소시지 1개 + 아몬드브리즈 언스위트 190㎖
150 kcal	육포 50g(설탕이 가미되지 않은 것)
176 kcal	황태포 30g + 마요네즈 1스푼(10g)
174 kcal	무설탕 말차라테 40㎖ + 무당 두유 200㎖ + 유청 분리 단백질 15g

가볍게 시작하는 저탄고단

1 주 차

하루 섭취	**1,200kcal**
감량 목표	**−2kg**
핵심 목표	단백질이 주는 포만감을 느껴보고 적어진 식사량에 천천히 적응하기

Check List

1. 나는 식사 속도가 빠른 편이다.　　◯ 빠른 편이다.　　◯ 보통이다.　　◯ 느린 편이다.
2. 짜게 먹는 편이다.　　◯ 짜게 먹는 편이다.　　◯ 보통이다.　　◯ 싱겁게 먹는 편이다.
3. 대변을 시원하게 보지 못하는 편이다.　◯ 그런 편이다.　　◯ 가끔 그렇다.　　◯ 자주 그렇다.

1 식사 속도가 빠르면 과식하기 쉽다는 것, 알고 있나요? 포만감을 느끼기 전에 많은 양의 음식을 섭취하게 되기 때문이죠. 따라서 천천히 식사하는 연습을 한다면 심리적으로 어렵지 않게 식사량을 줄이는 다이어트 방법이 될 수 있어요. 물론 천천히 섭취하더라도 평소 식사량이 많던 분이라면 400kcal 안팎의 식사가 부족하다고 느낄 거예요. 그럴 때는 200kcal 안팎의 간식과 채소를 활용하고 수분도 틈틈이 섭취해주세요.

2 나트륨은 0kcal지만 짜게 먹을수록 과식하는 경향이 있다는 보고가 있어요. 또 몸을 붓게 만들기 때문에 체중이 감량되는 것을 눈으로 확인하기 어렵게 만들기도 한답니다. 따라서 체중이 빠진다는 느낌을 받으면서 다이어트에 동기부여를 받으려면 평소보다 저염식을 할 필요가 있어요. 저염식도 꾸준히 하다 보면 입맛이 바뀌어 적응하게 되니 처음엔 좀 불만족스럽더라도 잘 이겨내시길 바라요. 따라서 레시피에 간혹 양이 정확히 적혀 있지 않은 소금이나 간장은 최대한 적게 쓰는 방향으로 해주세요.

3 식사량을 평소보다 줄이면 변비가 심해질 수 있어요. 특히 저탄수 식단을 하면 채소, 과일, 전곡류 섭취가 줄면서 식이 섬유를 하루 권장량(25g)만큼 섭취하기가 어려워요. 따라서 화장실에서 대변을 시원하게 보지 못하는 분들은 레시피 중에서 식이 섬유가 많이 함유된 메뉴를 선택하면 좋아요. 또는 오이나 양배추 등을 식단에 추가로 곁들여 먹는 것도 좋은 방법이랍니다. 단, 탄수화물 함량이 높은 채소는 피하는 것이 좋습니다(7대 수칙 6번 참고). 그리고 다들 아시듯 평소보다 물을 자주, 많이 마시는 것도 도움이 된답니다.

나만의 1주 차 식단 짜기

추천 식단은 준비 과정을 최소화하되 다양한 메뉴를 시도해볼 수 있는 선에서 계획했습니다. 하지만 일주일 내내 저녁으로 닭가슴살표고버섯조림만 먹고 싶다면 그렇게 해도 괜찮아요. 다양한 음식을 먹는 것도 좋지만 지치지 않고 4주간의 여정을 완주하는 것이 더 중요하니까요!

☞ 전문가의 이번 주 추천 식단

하루에 요리를 최대 2회까지만 할 수 있도록 식단을 구성했어요. 시작 단계니 식단 적응에 힘들어하는 분들이 있을 것 같아 주말 점심은 자유식으로 했어요. 점심 자유식을 저녁으로 바꿔도 괜찮지만 저녁에 자유식을 하면 너무 풀어질 수도 있고 기초대사량이 떨어지는 시간대라 점심에 자유식을 하는 것보다는 다이어트에 방해가 될 수 있어요. 만약 평일에 피치 못할 약속이 있어 식단을 따르지 못하게 된다면 주말 자유식을 평일 식단과 바꿔도 괜찮아요. 단, 저탄고단 7대 수칙을 꼭 명심하고 되도록 추천 메뉴 안에서 드세요(7대 수칙 p. 167).

	MON	TUE	WED	THR	FRI	SAT	SUN
BREAKFAST	간편식 1	간편식 1	콥샐러드	콥샐러드	간편식 2	간편식 2	검정콩바나나스무디
LUNCH	소이갈릭치킨주먹밥	고기듬뿍잡채	고기듬뿍잡채	소이갈릭치킨주먹밥	오징어덮밥	자유식	자유식
DINNER	닭가슴살표고버섯조림	닭가슴살표고버섯조림	차슈덮밥	닭가슴살표고버섯조림	차슈덮밥	해물볶음우동	차슈덮밥

///////// 당일 요리가 필요한 메뉴

☞ 추천 식단대로 할 경우 해야 할 일

요일	할 일	
SUN	저탄수밥 8회분 만들어 냉동 보관	
MON	소이갈릭치킨주먹밥 2회분 만들기	닭가슴살표고버섯조림 2회분 만들기
TUE	고기듬뿍잡채 2회분 만들기	
WED	콥샐러드 만들기	차슈덮밥 3회분 만들기
THR	콥샐러드 만들기	
FRI	오징어덮밥 만들기	
SAT	해물볶음우동 만들기	
SUN	검정콩바나나스무디 만들기	

저탄고단 1주 차

아침 고르기

1주 차 아침 메뉴 선택 전 반드시 알아야 할 '상식 사전'

Q 다음 중 단백질 함량이 가장 높은 콩은 어떤 것일까요?

① 검정콩(서리태)
② 강낭콩
③ 병아리콩
④ 완두콩
⑤ 렌틸콩

A 검정콩(서리태)

정답은 검정콩(서리태)입니다. 검정콩은 약 40%가 단백질로 구성되어 있어요. 반면 나머지 콩들은 모두 20% 전후로 생각보다 단백질 함량은 낮고 탄수화물이 65% 전후인 고탄수화물 식품에 가깝답니다. 그리고 검정콩은 고단백 식품이라는 점 외에도 식이 섬유 함량이 20%로 매우 높기 때문에 저탄수 식단에서 아주 유용한 식재료예요. 따라서 저탄고단 식단에 포함되는 콩은 대부분 서리태를 사용했어요.

마음대로 즐기는 '취향별 아침 레시피'

1. 요리할 시간이 없어요.
① 콥샐러드   ② 검정콩바나나스무디   **③ 간편식 1**   **④ 간편식 2**

2. 아침에 집중력이 필요해요.
① 콥샐러드   ② 검정콩바나나스무디   ③ 간편식 1   **④ 간편식 2**

3. 온 가족이 함께 먹을 수 있다면 좋겠어요.
① 콥샐러드   **② 검정콩바나나스무디**   ③ 간편식 1   ④ 간편식 2

후보 1. 하루 동안 똘똘해지는 '집중력형'

콥샐러드 p.172

주재료	닭 가슴살	영양 성분 312kcal
소요 시간	20~25분	순탄수화물 27g
조리 방법	볶기, 삶기	지방 11g
		단백질 26g
예상 재료비	2,500원	나트륨 141mg
		식이섬유 3.5g

후보 2. 가족과 함께 하는 '패밀리형'

검정콩바나나스무디 p.173

주재료	검정콩	영양 성분 270kcal
소요 시간	15~20분	순탄수화물 24g
조리 방법	삶기, 갈기	지방 10g
		단백질 21g
예상 재료비	2,000원	나트륨 360mg
		식이섬유 7.4g

내 맘대로
골라 먹는
1주 차 아침

후보 3. 빠르게 준비할 수 있는 '간편식 1'

닭가슴살샐러드 p.173

주재료	닭 가슴살	영양 성분 294kcal
소요 시간	10분 이내	순탄수화물 24g
조리 방법	굽기	지방 9g
		단백질 30g
예상 재료비	2,500원	나트륨 119mg
		식이섬유 0g

후보 4. 아침 시간을 절약할 수 있는 '간편식 2'

사과에 반한 달걀 p.173

주재료	달걀	영양 성분 302kcal
소요 시간	10분 이내	순탄수화물 29g
조리 방법	삶기	지방 11g
		단백질 20g
예상 재료비	2,000원	나트륨 170mg
		식이섬유 5.2g

콥샐러드

각종 채소와 달걀, 닭 가슴살을 큐브 형태로 썰어 드레싱에 버무린 샐러드예요. 모든 재료를 한 입 크기보다 작게 손질하기 때문에 숟가락으로도 퍼먹을 수 있다는 장점이 있죠.

재료
달걀 2개
토마토 100g
옥수수 콘 2스푼
닭 가슴살 50g
오이 ½개

양념&소스
오리엔탈 혹은
발사믹 드레싱 2스푼
(바질페스토 2스푼으로
대체해도 좋아요. p. 151)

집에 있는 재료
소금·후춧가루 약간

추가하면 좋은 재료
할라피뇨, 올리브, 양파

맛있는 다이어트
닭 가슴살이 물린다면 훈
제 닭 가슴살 등 가공닭 가
슴살도 좋아요.

① 토마토, 오이는 깍둑 썰어 준비한다.
토마토는 방울토마토 10개로 바꾸어도 돼요.

② 달걀은 삶아서 껍질을 벗기고 닭 가슴살은 소금, 후춧가루로 간해서 볶는다.
여기까지 완료한 재료를 냉장 보관하면 다음 날 편하게 준비할 수 있어요.

③ 오이, 토마토를 드레싱에 버무린다.
이렇게 채소에 고루 묻혀두면 사용량이 적어도 드레싱 맛을 느끼기에 좋아요. 바질페스토 2스푼으로 대체해도 좋아요.

④ 그릇에 달걀, 토마토, 옥수수콘, 오이, 닭 가슴살을 함께 넣어 먹는다.

검정콩바나나스무디

식이 섬유가 풍부한 검정콩과 바나나가 만나 장 건강에 좋은 스무디가 되었어요.
부드럽고 고소한 맛 덕분에 어린이나 초딩 입맛인 가족과 함께 먹기 좋아요.

재료 검정콩(서리태) 30g, 바나나 ½개(60g), 무가당 두유 200㎖, 소금 ½스푼
맛있는 다이어트 식물성 지방과 단백질이 풍부한 부드럽고 고소한 스무디입니다.

①   검정콩은 소금 넣은 물에 10~15분간 끓인다.
          끓인 콩을 냉장 보관하면 다음 날 좀더 빠르게 만들 수 있어요.

②   검정콩, 바나나, 무가당 두유를 믹서로 간다.

(NOTE) 콩은 전날 미리 불려두면 좋아요. 불린 콩은 45g 준비해주세요. 다른 콩은 쓰면 안 돼
요. 서리태 외의 콩은 대부분 의외로 탄수화물 함량이 높거든요.

간편식 1. 닭가슴살샐러드

우유, 키위, 닭 가슴살로 만든 간편식입니다. 퍽퍽한 닭 가슴살도 부드럽게 녹이
는 키위가 속 편한 아침 식사를 만들어줄 거예요.

재료 우유 200㎖, 키위 1개(90g), 닭 가슴살 100g, 소금·후춧가루 약간
맛있는 다이어트 120kcal 이내의 훈제 닭 가슴살 등 가공 닭 가슴살도 좋아요.

①   닭 가슴살은 소금, 후춧가루로 간한다.

②   물을 ⅓컵 부은 프라이팬에 익힌다.
          기름을 사용하지 않으면서 타지 않게 조리하는 방법으로 냄비에 삶아도 좋아요

③   닭 가슴살이 다 익으면 먹기 좋게 썬 뒤 키위, 우유와 함께 먹는다.
          키위 대신 파인애플로 대체해도 좋아요.

간편식 2. 사과에 반한 달걀

달걀과 사과는 대부분의 편의점에서 구매할 수 있어요. 의외로 든든하기도 하답니
다. 정신없이 나오느라 아침을 거를 것 같다면 편의점에서 간단히 해결해봅시다.

재료 사과 1개(200g), 달걀 3개

①   달걀은 삶은 뒤 껍질을 깐다.
          훈제란, 구운란, 반숙란 등 가공 달걀도 좋아요.

②   사과와 함께 먹는다.

(NOTE) 달걀은 삶을 때 갑자기 뜨거워지면 쉽게 깨져요. 약한 불~중간 불에서 끓이고 소금, 식
초를 넣어주세요.

점심 고르기

1주 차 점심 메뉴 선택 전 반드시 알아야 할 '상식 사전'

Q 피로 해소에 도움을 주고 혈중 콜레스테롤 수치를 떨어뜨리는 물질인 타우린이 풍부한 고단백 식품은 무엇일까요?

① 고등어
② 연어
③ 랍스타
④ 조개
⑤ 오징어

A 오징어
오징어는 타우린 함량이 높아 피로와 숙취 해소에 도움을 주는 식품으로 알려져 있어요. 오징어 외에도 전복, 낙지, 주꾸미 등에도 타우린이 함유되어 있는데, 이런 해산물 특유의 비릿한 감칠맛이 바로 타우린 때문이라고 하니, 어쩐지 비릿함도 건강하게 느껴지네요. 물론 산패되어 비릿한 향은 잘 구별해야겠죠?

마음대로 즐기는 '취향별 점심 레시피'

1. 빵을 좋아해요.
① 고기듬뿍잡채　　② 소이갈릭치킨주먹밥　　③ 오징어덮밥　　④ 에그콩샌드위치

2. 한번에 많이 만들어둘 수 있는 편리한 메뉴였으면 좋겠어요.
① 고기듬뿍잡채　　② 소이갈릭치킨주먹밥　　③ 오징어덮밥　　④ 에그콩샌드위치

3. 푸짐해 보이는 메뉴를 먹고 싶어요.
① 고기듬뿍잡채　　② 소이갈릭치킨주먹밥　　③ 오징어덮밥　　④ 에그콩샌드위치

고기듬뿍잡채 p. 176

주재료	돼지고기 안심	영양 성분 422kcal
소요 시간	40~50분	순탄수화물 36g 지방 14g
조리 방법	볶기	단백질 38g 나트륨 700mg
예상 재료비	5,000원	식이섬유 9.6g

소이갈릭치킨주먹밥 p. 178

주재료	닭 안심	영양 성분 450kcal
소요 시간	20~25분	순탄수화물 36g 지방 16g
조리 방법	볶기	단백질 39g 나트륨 780mg
예상 재료비	2,000원	식이섬유 2.8g

내 맘대로
골라 먹는
1주 차 점심

오징어덮밥 p. 180

주재료	오징어	영양 성분 445kcal
소요 시간	25~30분	순탄수화물 36g 지방 14g
조리 방법	볶기	단백질 42g 나트륨 590mg
예상 재료비	3,500원	식이섬유 4.2g

에그콩샌드위치 p. 182

주재료	달걀, 검정콩	영양 성분 445kcal
소요 시간	30분	순탄수화물 35g 지방 19g
조리 방법	삶기, 다지기	단백질 34g 나트륨 605mg
예상 재료비	2,000원	식이섬유 10.3g

돼지고기 안심 | 고기듬뿍잡채

당면은 아주 조금만, 대신 그 빈자리를 각종 채소로 채운 잡채예요.
고기 양도 적지 않고 많은 채소 덕분에 다이어트 식단이 맞나 싶을 정도로 많은 양과 포만감을 자랑합니다.

34%
순탄수화물

재료 포인트
버섯은 음식의 풍미를 높여주고 식이 섬유 함량이 높은 식품입니다 팽이·새송이·표고버섯 등 원하는 것으로 대체해도 좋아요.

필수 재료	돼지고기 안심 130g, 버섯 200g, 당면 20g, 양파 100g, 당근 50g
양념&소스	참기름 1스푼, 간장 1스푼, 다진 마늘 ½스푼
집에 있는 재료	소금·후춧가루 약간
추가하면 좋은 재료	시금치
곁들이면 좋은 밑반찬	저염 장아찌
함께 먹으면 좋은 밥	곤약밥
맛있는 다이어트	부피감 있는 채소 덕분에 매우 큰 포만감을 주는 레시피예요.

□ EASY
□ MEDIUM
□ HARD

40~50 min

볶기

냉장 보관(2~3일)

422kcal

① 돼지고기는 얇게 채 썰어 소금, 후춧가루로 간해둔다.

② 버섯, 양파, 당근도 얇게 채 썬다.

③ 당면은 삶아서 체에 밭쳐둔다.
당면 대신 버섯을 100g 늘려도 좋아요

④ 달군 팬에 물 ⅓컵을 붓고 당근을 먼저 익힌다.

⑤ 당근이 반쯤 익으면 돼지고기, 양파, 버섯 순으로 넣어 볶는다.

⑥ 모든 재료를 한데 섞고 소스 재료를 넣은 뒤 비빈다.

닭 안심

소이갈릭치킨주먹밥

다이어트할 때 치킨 생각을 소소하게 달래줄 메뉴예요.
간장과 마늘을 조합한 양념으로 감칠맛 나는 닭고기를 저탄수 밥에 버무려 드세요.

32%
순탄수화물

재료 포인트
닭 안심은 부드러운 고단백 식품입니다. 가슴살도 괜찮아요.

필수 재료	닭 안심 150g, 양파 100g, 채소밥 100g
양념&소스	간장 1.5스푼, 다진 마늘 2스푼, 알룰로스 1스푼
집에 있는 재료	식용유 1.5스푼
곁들이면 좋은 밑반찬	저염 깻잎장아찌, 무설탕 피클
맛있는 다이어트	마늘이 들어간 간장으로 양념해 시판 마늘간장치킨의 맛을 그대로 즐길 수 있어요.

□ EASY
□ MEDIUM
□ HARD

20~25min

볶기

냉동 보관(일주일)

450kcal

① 닭 안심은 잘게 다져 양념 재료와 섞는다.
  쯔유가 있다면 양념 대신 사용해도 좋아요.

② 달군 팬에 식용유를 두르고 양념한 닭 안심과 양파를 볶는다.
  닭고기볶음을 냉장 보관해두면 다음 날 만들기 편해요.

③ 닭고기가 다 익으면 꺼내서 밥과 섞은 뒤 모양을 잡아 주먹밥을 만든다.

오징어

오징어덮밥

다이어트할 때면 더 생각나는 매콤한 음식! 흰 쌀밥에 비벼 먹는 매콤 쫄깃 오징어덮밥은 생각만 해도
침샘을 자극하죠. 이제는 다이어트 기간에도 매콤한 오징어덮밥을 가볍게 즐기세요.

32%
순탄수화물

재료포인트
오징어는 저지방, 고단백 식품일 뿐 아니라 피로 해소에 좋은 타우린도 풍부해 컨디션 회복에 도움이 됩니다.

필수 재료	오징어 300g, 양파 100g, 곤약밥 100g
양념&소스	토마토 고추장 1스푼, 고춧가루 ½스푼, 다진 마늘 1스푼, 알룰로스 1스푼
집에 있는 재료	참기름 1스푼
곁들이면 좋은 밑반찬	마늘초절임
맛있는 다이어트	토마토 고추장과 알룰로스를 사용해 탄수화물 함량을 줄였어요.

□ EASY
□ MEDIUM
□ HARD

25~30min

볶기

냉장 보관(3~4일)

445kcal

① 　오징어, 양파는 먹기 좋은 크기로 썰어 준비한다.
　　양파는 양배추로 대체해도 좋아요.

② 　오징어와 양념을 섞어 버무린다.
　　양념을 미리 만들어두지 못했다면 일반 고추장 ½스푼으로 대체해도 좋아요

③ 　달군 팬에 참기름을 두르고 약한 불~중간 불에서 오징어와 양파를 함께 볶는다.

④ 　오징어가 다 익으면 밥 위에 얹어서 먹는다.

달걀

31%
순탄수화물

에크콩샌드위치

단백질 함량이 어마어마한 검정콩과 달걀, 그리고 고소짭잘한 체더치즈가 만나 맛있는 고단백 샌드위치가 완성됐어요. 이 메뉴라면 평소 빵을 즐기던 분의 마음을 약간은 달랠 수 있지 않을까요?

재료포인트

호밀, 통밀 식빵이 좋아요. 일반 식빵에 비해 통밀, 호밀빵은 비타민, 무기질, 식이 섬유가 풍부해요.

필수 재료	달걀 2개, 검정콩(서리태) 40g, 양파 50g, 슬라이스 치즈 1장, 식빵 1장(35g)
집에 있는 재료	소금·후춧가루 약간
곁들이면 좋은 밑반찬	무설탕 피클
맛있는 다이어트	체더치즈를 넣어 짭짤하고 고소한 맛을 살렸어요.

□ EASY
□ MEDIUM
□ HARD

30min

삶기, 다지기

냉장 보관(당일 섭취)

445kcal

①   달걀과 검정콩은 소금 넣은 물에 각각 삶는다.

               콩은 생각보다 익는 데 시간이 많이 걸려요. 15분 이상 충분히 삶으세요. 전날 미리 물에 담가두는 것도 좋은 방법이에요.

②   양파는 다져서 소금과 후춧가루로 간한다.

③   콩, 달걀, 치즈를 한데 넣고 블렌더로 갈거나 으깬 뒤 양파와 섞는다.

               이렇게 만든 샌드위치 속은 냉장고에 2~3일간 보관 가능해요.

④   식빵 위에 올려서 먹는다.

저탄고단 1주 차

저녁 고르기

1주 차 저녁 메뉴 선택 전 반드시 알아야 할 '상식 사전'

Q 다음 버섯 중 단백질 함량이 가장 높은 것은 무엇일까요?

① 목이버섯
② 표고버섯
③ 팽이버섯
④ 새송이버섯
⑤ 느타리버섯

A 표고버섯

생표고버섯에는 100g당 4.4g의 단백질이 들어 있어요. 그다음으로는 새송이버섯(3g), 느타리버섯(2.7g), 팽이버섯(2.6g), 목이버섯(0.6g) 순으로 단백질 함량이 높아요. 따라서 저탄고단 식단에서는 표고버섯이나 새송이버섯을 활용하면 좋겠죠? 참고로 표고버섯은 식물성 식품 중 비타민 D 함량이 높은 편에 속하니 뼈 건강을 생각하는 분들에게도 좋은 식재료랍니다.

마음대로 즐기는 '취향별 저녁 레시피'

1. 시간이 좀 걸려도 맛있는 게 좋아요.
① 닭가슴살표고버섯조림   ② 차슈덮밥   ③ 해물볶음우동   ④ 양배추라자냐

2. 단백질이 많은 메뉴를 원해요.
① 닭가슴살표고버섯조림   ② 차슈덮밥   ③ 해물볶음우동   ④ 양배추라자냐

3. 한 번 만들어 여러 번 먹고 싶어요.
① 닭가슴살표고버섯조림   ② 차슈덮밥   ③ 해물볶음우동   ④ 양배추라자냐

닭가슴살표고버섯조림 p. 186

주재료	닭 가슴살	영양성분 470kcal
소요 시간	30~40분	순탄수화물 30g
		지방 18g
조리 방법	조리기	단백질 50g
		나트륨 600mg
예상 재료비	3,500원	식이섬유 4g

차슈덮밥 p. 188

주재료	돼지고기 앞다리살	영양성분 451kcal
소요 시간	40~50분	순탄수화물 35g
		지방 16g
조리 방법	굽기, 끓이기	단백질 42g
		나트륨 580mg
예상 재료비	3,500원	식이섬유 2g

내 맘대로
골라 먹는
1주 차 저녁

해물볶음우동 p. 190

주재료	오징어	영양성분 470kcal
소요 시간	30분	순탄수화물 38g
		지방 18g
조리 방법	볶기	단백질 41g
		나트륨 950mg
예상 재료비	3,000원	식이섬유 9.4g

양배추라자냐 p. 192

주재료	양배추	영양성분 436kcal
소요 시간	20~30분	순탄수화물 24g
		지방 20g
조리 방법	오븐 조리	단백질 40g
		나트륨 480mg
예상 재료비	4,000원	식이섬유 7.2g

닭 가슴살 | 닭가슴살표고버섯조림

요리해두면 두고두고 밥반찬으로 먹을 수 있는, 맛도 편리함도 모두 잡은 착한 메뉴입니다.
누구나 좋아하는 보편적인 맛이라서 온 가족이 함께 즐길 수 있어요.

25%
순탄수화물

재료포인트
표고버섯은 비타민 D가 많아 뼈 건강을 지키는 데 도움을 줘요.

필수 재료	닭 가슴살 200g, 표고버섯 120g, 마늘 3톨(10g), 채소밥 100g
국물 재료	물 5컵, 멸치 1줌, 다시다 손바닥 크기, 통후추 5알
집에 있는 재료	참기름 1스푼, 간장 2스푼(20g), 알룰로스 2스푼(20g)
곁들이면 좋은 밑반찬	저염 백김치
맛있는 다이어트	표고버섯 특유의 감칠맛이 닭 가슴살에 싹 배어들어 맛있게 다이어트할 수 있어요.

☐ EASY
☐ MEDIUM
☐ HARD

30~40min

조리기

냉장 보관(일주일)

470kcal

①   국물 재료를 냄비에 넣고 10분간 끓인다.
멸치는 내장을 제거한 후 사용하세요. 재료가 없다면 맹물을 사용해도 괜찮습니다.

②   멸치 등 건더기를 건져내고 간장, 알룰로스, 마늘, 닭 가슴살, 표고버섯을 넣고 끓인다.
물 양이 적은 경우 닭 가슴살이 잠길 정도로 좀 더 부어주세요.

③   닭 가슴살이 모두 익으면 참기름을 넣고 용기에 옮겨 담은 뒤 식힌다.

④   채소밥과 함께 먹는다.

돼지고기 | 차슈덮밥

지방 함량이 적은 돼지고기 앞다리살을 이용한 덮밥입니다.
1회분 양이 아주 넉넉하기 때문에 배고플 걱정은 안 해도 된답니다.

31%
순탄수화물

재료포인트
돼지고기 앞다리살은 지방 함량이 적어 고단백 식단에 좋습니다.

필수 재료	돼지고기 앞다리살(전지) 200g, 양파 50g, 대파 ½대, 마늘 3톨(10g), 채소밥 150g
양념&소스	간장 3스푼(30g), 알룰로스 3스푼(30g), 후춧가루 약간
집에 있는 재료	식용유 1스푼
추가하면 좋은 재료	다시마, 가쓰오부시
곁들이면 좋은 밑반찬	마늘초절임
맛있는 다이어트	돼지고기 앞다리살을 간장소스에 푹 조리기 때문에 지방이 적어도 굉장히 부드러워요.

□ EASY
□ MEDIUM
□ HARD

40~50min

굽기, 끓이기

냉장 보관(일주일)

477kcal

① 달군 팬에 식용유를 두르고 한 입 크기보다 조금 크게 썬 돼지고기를 강한 불에서 굽는다.
만들어둔 생강파기름이 있다면 식용유 대신 사용하세요.

② 겉면이 갈색으로 익으면 불을 끄고 냄비에 옮겨 담는다.

③ 양파, 대파, 마늘과 양념 재료를 모두 냄비에 넣고 고기가 잠기도록 물을 붓는다.
간장에 쓰유를 섞으면 더 맛있어요. 다시마나 가쓰오부시를 넣어 우린 후 건져내도 좋아요.

④ 물이 절반 이하로 졸아들면 고기를 제외한 모든 재료는 건져내고 용기에 담는다.

⑤ 채소밥과 함께 먹는다.

오징어 | 해물볶음우동

저탄수 식단에서 금기시되는 면. 우동도 예외가 아닌데, 면을 줄이고 버섯을 듬뿍 넣는다면 걱정 없이 먹어도 돼요.

32%
순탄수화물

재료포인트
오징어는 껍질이 손상되지 않고 탄력 있어 보이는 것이 좋아요.

필수 재료	우동 면 60g, 새송이버섯 200g, 청경채 100g, 마늘 4톨(20g), 오징어 150g
양념&소스	굴소스 ½스푼, 간장 1스푼
집에 있는 재료	식용유 1.5스푼
추가하면 좋은 재료	말린 홍고추
맛있는 다이어트	면에서 느끼기 어려운 감칠맛을 버섯이 더해줘 풍미 깊은 면 요리가 완성돼요.

☐ EASY
☐ MEDIUM
☐ HARD

30min

볶기

냉장 보관(1~2일)

470kcal

① 우동 면은 끓는 물에 1~2분간 데친 뒤 건져둔다.

② 달군 팬에 식용유를 두르고 슬라이스한 마늘을 볶는다.
만들어둔 라유가 있다면 사용하세요.

③ 갈색으로 변하기 시작하면 오징어 등 해산물을 같이 볶는다.
새우나 조갯살 등 다른 해산물을 섞어도 좋아요.

④ 바로 이어서 버섯, 청경채를 넣고 1~2분 정도 더 볶은 뒤 우동 면과 간장소스 재료를 넣고
잘 섞으며 볶는다.
팽이버섯을 섞어도 좋아요. 청경채는 시금치나 양파로 대체해도 좋아요.

양배추

양배추라자냐

밀가루로 만드는 파스타를 저탄수 식단에 쓸 수 없어 양배추 잎으로 라자냐를 만들었어요.
탄수화물 함량을 대폭 줄이고도 라구소스와 모차렐라 치즈의 조합을 맛볼 수 있답니다.

22%
순탄수화물

재료포인트
모차렐라 치즈는 치즈 중에서도 담백질 함량이 높은 편에 속해요.

필수 재료	양배추 300g, 모차렐라 치즈 50g
양념&소스	라구소스 1종이컵(200g)
곁들이면 좋은 밑반찬	무설탕 피클
맛있는 다이어트	양배추 잎으로 만들어 일반 라자냐보다 부드럽고 촉촉합니다.

① 양배추는 손바닥 크기보다 조금 작게 1장씩 넓게 뜯어낸 후 끓는 물에 2분간 데친다.

② 오븐용 용기에 양배추, 라구소스, 양배추, 라구소스 순으로 켜켜이 쌓는다.

③ 마지막에 모차렐라 치즈를 뿌린 뒤 180℃로 예열한 오븐에 10~15분간 익힌다.
오븐이 없다면 전자레인지에 2~3분 정도 돌려도 돼요

요리하는 습관을 들이는 저탄고단

2주차

하루 섭취	**1,200kcal**
감량 목표	**−1.5kg**
핵심 목표	요리하는 습관을 기르며 그 시간을 즐기기

Check List

1. 소화가 잘 안 되는 듯한 느낌이다. ⬭ 그렇다. ⬭ 약간 그렇다. ⬭ 소화에 문제 없다.
2. 요리하는 게 귀찮고 힘들다. ⬭ 힘들다. ⬭ 할 만하다. ⬭ 즐겁게 하고 있다.
3. 간식 생각이 많이 난다. ⬭ 실제로 먹기도 했다. ⬭ 참을 만하다. ⬭ 생각이 안 난다.

1 단백질이 많은 식단은 평소 소화 기능이 좋지 않은 분들에게 더부룩하거나 가스가 차는 등의 증상을 유발할 수 있어요. 단백질은 탄수화물이나 지방에 비해 단단한 조직이 많고 소화 과정이 상대적으로 복잡하기 때문이죠. 특히 평소 위산저하증이 있거나 식사 중 물을 자주 마시는 습관이 있다면 소화가 안 돼 불편한 느낌이 더 클 수밖에 없어요. 이를 해결할 수 있는 방법은 단백질 소화를 돕는 키위나 파인애플 1~2조각을 식사 중간 혹은 식후에 먹는 것, 그리고 식사 전, 중, 후 30분 이내로는 물을 마시지 않는 것이에요. 또 먹고 나서 바로 눕거나 꽉 끼는 옷을 입는 것도 증상을 악화시킬 수 있으니 주의하세요.

2 매일매일 요리하는 게 쉬운 일이 아니라는 걸 느끼셨을지도 모르겠어요. 만약 그렇다면 아침 식사는 요리가 필요 없는 간편식으로 하고 점심이나 저녁은 한번 만들어 냉장고에 넣어뒀다가 2~3일씩 먹을 수 있는 메뉴로 식단을 구성해보세요. 물론 이렇게 하면 며칠간은 식단이 똑같을 수도 있는데, 일주일 정도는 비슷한 식단으로 반복해도 큰 문제가 되진 않아요. 귀찮지만 할 만하다고 느낀다면 음악을 틀어놓고 한다든가 다이어트를 하는 친구를 초대해 함께 식사를 하거나, 완성된 요리를 SNS 올리는 등 요리를 좀 더 즐길 수 있는 방법을 생각해보는 것도 좋아요.

3 달달한 음식에는 단당류인 탄수화물이 많다는 것, 아시나요? 그래서 저탄수 식단 중에는 반드시 피해야 해요. 그럼에도 간식을 참기 힘들다고 느낀다면 이 책에 소개한 간식 레시피(p.272)를 참고해보세요. 바쁠 땐 시중에서 판매하는 곤약 젤리나 무설탕 저탄수 간식을 주문하는 것도 좋은 방법이 될 수 있어요. 어떤 제품이 좋은지 잘 모르겠다면 p.167에 있는 저탄수 식품 추천 리스트를 확인해보세요. 단, 간식으로 추가 섭취하는 음식의 칼로리는 하루에 200kcal를 넘지 않도록 해야 한다는 걸 잊지 마세요.

나만의 2주 차 식단 짜기

문어비빔국수같이 구하기 어려운 재료가 포함된 레시피는 지레 겁먹고 포기하지 말고 레시피를 잘 보세요. 대체할 수 있는 재료 정보를 알려드렸거든요. 그중엔 쉽게 구할 수 있는 것도 있으니 꼭 확인해보세요.

☞ 전문가의 이번 주 추천 식단

요리를 자주 하지 않아도 되는 식단으로 고민해서 계획했어요. 점심의 닭가슴살냉채처럼 한번 만들면 며칠씩 먹을 수 있는 메뉴를 2~3회 정도 포함시켰어요. 요리할 시간이 많고 연달아 같은 메뉴를 먹는 것이 싫다면 꼭 이 식단을 따르지 않아도 좋아요. 그리고 주말 이틀 중 하루 점심은 자유식을 넣었어요. 일주일 식단이 힘들고 배고팠다면 탄수화물이 적은 메뉴로 선택해 기분 좋은 포만감이 들 때까지 식사하세요. 자유식 때 추천하는 메뉴와 꼭 피해야 할 음식은 p. 28에서 확인해보세요. 일주일간 식단이 많이 힘들지 않았거나 어쩔 수 없는 약속이 있어 자유식을 해버렸다면 주말에는 자유식 없이 식단을 쭉 이어나가는 게 좋겠죠?

	MON	TUE	WED	THR	FRI	SAT	SUN
BREAKFAST	간편식 1	간편식 2	간편식 1	간편식 2	베리콩요거트 스무디	간편식 1	슈림프샐러드
LUNCH	참치두부달걀밥	닭가슴살냉채	닭가슴살냉채	토마토치즈오믈렛	닭가슴살냉채	자유식	소고기김밥
DINNER	두부닭갈비 볶음밥	두부닭갈비 볶음밥	새우듬뿍 버섯파스타	두부닭갈비볶음밥	문어비빔국수	두부그라탱	두부그라탱

/////// 당일 요리가 필요한 메뉴

☞ 추천 식단대로 할 경우 해야 할 일

SUN	저탄수밥 7회분 준비하기	
MON	참치두부달걀밥 만들기	두부닭갈비볶음밥 2회분 만들기
TUE	닭가슴살냉채 3회분 만들기	
WED	새우듬뿍버섯파스타 만들기	
THR	토마토치즈오믈렛 만들기	
FRI	베리콩요거트스무디 만들기	문어비빔국수 만들기
SAT	두부그라탱 2회분 만들기	
SUN	슈림프샐러드 만들기	소고기김밥 만들기

저탄고단 2주 차

아침 고르기

2주 차 아침 메뉴 선택 전 반드시 알아야 할 '상식 사전'

Ⓠ 육류, 생선, 유제품 등 동물성 단백질을 섭취하지 않으면 결핍되기 쉬운 영양소는 무엇일까요?

① 비타민 C
② 비타민 K
③ 비타민 B12
④ 칼슘
⑤ 엽산

Ⓐ 비타민 B12
비타민 B12는 적혈구 생성에 관여하는 필수영양소로 어육류 등 동물성 식품을 섭취하지 않는 채식주의자(비건)에게 결핍되기 쉬워요. 따라서 채식을 장기간 하다 보면 빈혈이 찾아오기 쉽답니다. 그러니 적당량의 동물성 식품을 섭취하는 것도 건강관리를 위해 중요하겠죠?

마음대로 즐기는 '취향별 아침 레시피'

1. 변비가 있어요.
① 슈림프샐러드　②　베리콩요거트스무디　③　간편식 1　④　간편식 2

2. 단백질 함량이 높은 걸 원해요.
①　슈림프샐러드　② 베리콩요거트스무디　③　간편식 1　④　간편식 2

3. 들고 나갈 수 있는 메뉴가 필요해요.
①　슈림프샐러드　②　베리콩요거트스무디　③ 간편식 1　④ 간편식 2

후보 1. 단백질이 가득한 '고단백형'

슈림프샐러드 p. 198

주재료	칵테일 새우	영양 성분 296kcal	
소요 시간	10~15분		순탄수화물 13g
			지방 10g
조리 방법	볶기		단백질 37g
			나트륨 310mg
예상 재료비	4,500원		식이섬유 5.3g

후보 2. 아침이 가뿐한 '유산균형'

베리콩요거트스무디 p. 199

주재료	검정콩, 블루베리	영양 성분 298kcal	
소요 시간	15~20분		순탄수화물 24g
			지방 13g
조리 방법	갈기		단백질 21g
			나트륨 140mg
예상 재료비	2,000원		식이섬유 7.7g

내 맘대로 골라 먹는 2주 차 아침

후보 3. 아침이 여유로워지는 '간편식 1'

닭가슴살구이 p. 199

주재료	닭 가슴살	영양 성분 294kcal	
소요 시간	5분 이내		순탄수화물 22g
			지방 9g
조리 방법	굽기		단백질 32g
			나트륨 59mg
예상 재료비	3,000원		식이섬유 2g

후보 4. 아침이 여유로워지는 '간편식 2'

우유에 빠진 콩 p. 199

주재료	검정콩	영양 성분 304kcal	
소요 시간	5분 이내		순탄수화물 22g
			지방 13g
조리 방법	없음		단백질 23g
			나트륨 74mg
예상 재료비	2,000원		식이섬유 7.8g

슈림프샐러드

톡톡 터지는 식감이 매력적인 새우를 버터에 구워 토핑으로 올린 샐러드예요. 신선한 토마토와 함께 먹으면 밖에서 파는 비싼 샐러드 부럽지 않아요.

재료
칵테일 새우150g(5~7미)
양상추 150g
토마토 100g
마늘 4톨(20g)
버터 10g

집에 있는 재료
소금·후춧가루 약간

곁들이면 좋은 밑반찬
할라피뇨, 양파, 파프리카

맛있는 다이어트
버터 대신 만들어놓은 라
유가 있다면 1스푼을 사
용하세요.

① 　새우는 깨끗이 씻어 소금과 후춧가루로 간해둔다.

② 　달군 팬에 버터를 녹이고 마늘을 볶다가 갈색이 되면 새우를 함께 볶는다.

③ 　양상추, 토마토를 먹기 좋게 썰어 그릇에 담은 뒤 잘 익은 새우와 마늘을 얹어서 먹는다.

NOTE 드레싱은 따로 넣지 마세요. 새우가 짭쪼름하게 간이 되어 드레싱 없이도 맛있게 드실 수 있도록 레시피를 구성했어요.

베리콩요거트스무디

블루베리, 검정콩 모두 항산화 물질인 안토시아닌이 풍부한 식품이에요. 또 콩에 풍부한 올리고당은 요거트에 있는 유산균이 좋아하는 먹이랍니다.

재료 검정콩(서리태) 30g, 블루베리 50g, 무가당 요거트 200㎖
맛있는 **다이어트** 요거트는 꾸덕하지 않고 제형이 묽은 것으로 구입하세요.

① 검정콩은 15분간 삶는다.

전날 미리 물에 불려두면 좋아요. 삶은 뒤에는 소분해서 냉동 보관하면 다음번 요리 시간을 크게 단축할 수 있어요.

② 콩, 블루베리, 요거트를 믹서에 넣고 간다.

블루베리는 냉동이 가성비가 좋아요.

간편식 1. 닭가슴살구이

필수 비타민인 엽산이 풍부한 오렌지주스와 닭 가슴살, 아몬드로 구성한 한 끼 식단이에요.

재료 닭 가슴살 120g, 오렌지주스 200㎖, 아몬드 7알(14g), 소금·후춧가루 약간

① 닭 가슴살은 소금, 후춧가루로 간한 뒤 기호에 맞게 굽거나 삶는다.

② 오렌지주스, 아몬드와 함께 먹는다.

간편식 2. 우유에 빠진 콩

검정콩과 우유로 구성한 간편식이에요. 이 두 가지 식품은 모두 칼슘과 단백질 함량이 높다는 공통점이 있죠. 뼈와 근육이 튼튼해진다는 생각으로 기분 좋게 드세요.

재료 볶은 검정콩 30g, 우유 200㎖

① 볶은 검정콩과 우유를 함께 섭취한다.

(NOTE) 인터넷에서 판매하는 30g씩 소분된 검정콩을 구입하면 편리해요. 검정콩 외에 다른 콩은 사용하면 안 돼요. 병아리콩이나 다른 콩류는 대부분 의외로 단백질 함량이 낮고 탄수화물 함량이 높아요.

점심 고르기

2주 차 점심 메뉴 선택 전 반드시 알아야 할 '상식 사전'

Q 다음 중 고단백 식사를 가장 주의해야 하는 질환은 무엇일까요?

1. 통풍
2. 역류성식도염
3. 장염
4. 당뇨
5. 고혈압

A 통풍

통풍은 인체 내에서 요산이 대사되지 못하고 축적되면 나타나는 증상으로 관절에 찌르는 듯한 통증이 느껴지는 것이 대표적인 증상입니다. 통풍이 의심될 때 단백질 식품을 주의해서 섭취해야 하는데, 요산을 만드는 퓨린이 많은 식품에는 어육류가 많이 포함되기 때문입니다. 따라서 통풍을 겪은 적이 있거나 가족 중 통풍 환자가 있다면 고단백 식단은 중단하세요.

마음대로 즐기는 '취향별 점심 레시피'

1. 도시락으로 싸 갈 수 있는 게 좋아요.
   ① 참치두부달걀밥   ② 토마토치즈오믈렛   **③ 닭가슴살냉채**   **④ 소고기김밥**

2. 소화가 잘되는 메뉴 있나요?
   ① 참치두부달걀밥   ② 토마토치즈오믈렛   ③ 닭가슴살냉채   ④ 소고기김밥

3. 빨리 만들 수 있는 메뉴가 좋아요.
   ① 참치두부달걀밥   **② 토마토치즈오믈렛**   ③ 닭가슴살냉채   ④ 소고기김밥

후보 1. 소화가 잘되는 '속 편한 형'

참치두부달걀밥 p.202

주재료	참치	영양성분 430kcal
소요 시간	10~15분	순탄수화물 29g 지방 18g
조리 방법	삶기	단백질 38g 나트륨 800mg
예상 재료비	2,500원	식이섬유 5g

후보 2. 빠르게 만드는 든든한 한 끼 '실속형'

토마토치즈오믈렛 p.204

주재료	토마토	영양성분 442kcal
소요 시간	15~20분	순탄수화물 16g 지방 23g
조리 방법	볶기	단백질 42g 나트륨 650mg
예상 재료비	2,500원	식이섬유 3.4g

내 맘대로
골라 먹는
2주 차 점심

후보 3. 도시락으로 딱 좋은 '도시락형 1'

닭가슴살냉채 p.206

주재료	닭고기	영양성분 456kcal
소요 시간	30~40분	순탄수화물 34g 지방 13g
조리 방법	삶기, 무치기	단백질 48g 나트륨 300mg
예상 재료비	3,000원	식이섬유 7g

후보 4. 도시락으로 딱 좋은 '도시락형 2'

소고기김밥 p.208

주재료	소고기	영양성분 440kcal
소요 시간	40~50분	순탄수화물 35g 지방 16g
조리 방법	볶기, 말기	단백질 39g 나트륨 844mg
예상 재료비	3,000원	식이섬유 5g

참치 | 참치두부달걀밥

참치, 두부, 달걀 등 세 종류의 단백질 식품이 들어간 메뉴예요. 다양한 단백질 공급원을 식단에 포함하면
부족할 수 있는 아미노산이 충족되면서 균형 잡힌 단백질 섭취가 가능하답니다.

27%
순탄수화물

재료 포인트
표면이 매끈하고 광택 있는 것보다 조금 지저분해 보이는 게 때론 더 신선해요.

필수 재료	두부 100g, 달걀 2개, 참치 70g, 곤약밥 100g
양념&소스	간장 1스푼, 참기름 ½스푼
곁들이면 좋은 밑반찬	마늘초절임, 저염 백김치
맛있는 다이어트	친숙한 달걀간장밥에 참치를 더해 더 맛 좋은 메뉴가 탄생했어요.

□ EASY
□ MEDIUM
□ HARD

10~15min

삶기

냉장보관(당일 섭취)

440kcal

①   두부는 끓는 물에 2~3분 데친다.
         단단한 부침용 두부로 준비하세요

②   달걀은 프라이를 해서 준비한다.

③   두부, 참치, 곤약밥, 달걀, 간장, 참기름을 한데 섞고 비벼서 먹는다.
         참치의 기름은 어느 정도 제거하세요

토마토 | 토마토치즈오믈렛

토마토와 달걀을 볶은 뒤 모차렐라 치즈를 얹어 완성하는 요리예요.
달걀도, 치즈도 넉넉하게 담았으니 든든한 한 끼가 되어줄 거예요.

15%
순탄수화물

재료포인트
토마토의 신맛이 싫다면 딱딱하고 신선한것 보다는 약간 말랑말랑한 토마토를 쓰세요.

필수 재료	달걀 3개, 토마토 100g, 양파 50g, 모차렐라 치즈 80g
집에 있는 재료	소금·후춧가루 약간
추가하면 좋은 재료	대파
곁들이면 좋은 밑반찬	무설탕 피클
함께 먹으면 좋은 밥	채소밥
맛있는 다이어트	치즈와 달걀의 조합은 언제나 옳죠! 거기에 토마토를 더해 영양가를 높였어요.

☐ EASY
☐ MEDIUM
☐ HARD

15~20min

볶기

냉장 보관(1~2일)

442kcal

① 달군 팬에 물을 소량 붓고 한 입 크기로 썬 토마토와 양파를 볶는다.
기름을 사용하지 않고 익히는 방법입니다.

② 볼에 달걀을 풀고 소금, 후춧가루로 살짝 간한다.

③ 프라이팬에 달걀을 풀고 섞어가며 익힌다.

④ 달걀이 거의 다 익었을 때 치즈를 뿌리고 약한 불에서 익힌다.
슬라이스 치즈와 모차렐라 치즈를 반반 섞어도 좋아요.

⑤ 치즈가 바닥에 눌어붙기 전에 불을 끄고 그릇에 옮겨 담는다.

닭고기 | 닭가슴살냉채

마요네즈와 겨자를 넣은 소스로 알싸하고도 고소한 맛을 낸 냉채예요.
차갑게 먹는 음식이라 한번에 많이 만들어두고 냉장 보관하며 먹기에 아주 좋죠.

30% 순탄수화물

재료포인트
채소는 양파, 당근, 양배추, 오이, 파프리카 중 원하는 것으로 2개 이상 선택하세요.

필수 재료	닭고기 200g, 채소 150g, 버섯밥 100g
양념&소스	식초 1스푼, 마요네즈 1스푼, 다진 마늘 ½스푼, 연겨자 ½스푼, 알룰로스 1스푼, 소금·후춧가루 약간
추가하면 좋은 재료	통깨
맛있는 다이어트	겨자와 식초의 조합은 생각만 해도 군침이 돌죠! 시원하고 쫄깃 아삭한 둘도 없는 메뉴를 즐겨보세요.

☐ EASY
☐ MEDIUM
☑ HARD

30~40min

삶기, 무치기

냉장 보관(4~5일)

456kcal

① 소스 재료를 한데 넣고 섞는다.

② 닭 가슴살은 끓는 물에 푹 삶아낸다.

③ 채소는 얇고 길게 채 썰어 준비한다.

④ 모든 재료를 한데 넣어 섞는다.

소고기 | 소고기김밥

밥 없이 완성한 김밥이 이렇게 맛있을 수가 있을까요?
넉넉한 소고기와 볶은 당근, 감칠맛을 내는 우엉조림이 만난 저탄수여도 조금도 아쉽지 않은 김밥이랍니다.

32%
순탄수화물

재료포인트
우둔살, 홍두깨살 등 지방이 적은 부위로 준비해주세요.

필수 재료	소고기 120g, 당근 120g, 양파 120g, 우엉조림 50g, 김밥용 김 1장, 슬라이스 치즈 1장
집에 있는 재료	식용유 ½스푼, 소금·후춧가루 약간
추가하면 좋은 재료	버터소고기장, 깻잎, 청양고추
곁들이면 좋은 밑반찬	생강초절임, 저염 백김치
맛있는 다이어트	우엉이 의외로 맛있는 김밥의 핵심 재료랍니다. 꼭 넣어주세요.

□ EASY
■ MEDIUM
□ HARD

40~50min

볶기, 말기

냉장 보관(당일 섭취)

440kcal

① 소고기, 당근, 양파는 모두 얇고 길게 채 썰고, 소고기에는 소금, 후춧가루로 간한다.

② 달군 팬에 물을 조금 붓고 당근을 먼저 볶는다.

③ 당근이 어느 정도 익으면 양파를 넣고 갈색이 될 때까지 함께 볶는다.

④ 다른 팬에 식용유를 소량 두르고 소고기를 볶는다.

⑤ 김 위에 치즈를 반으로 썰어 길게 놓는다.

⑥ 그 위에 당근, 양파, 우엉, 소고기를 얹어 김밥을 만다.
   우엉조림은 김밥용으로 구입하면 됩니다.

저녁 고르기

2주 차 저녁 메뉴 선택 전 반드시 알아야 할 '상식 사전'

Q 음식으로 꼭 섭취해야 하는 필수아미노산이 모두 들어 있는 식품을 완전 단백질 식품이라고 하는데, 다음 중 완전 단백질 식품이 아닌 것은 무엇일까요?

① 치즈
② 새우
③ 달걀
④ 콩
⑤ 문어

A 콩
콩은 단백질 식품으로 유명하지만 대부분의 콩이 필수아미노산 중 일부를 함유하고 있지 않습니다. 따라서 콩을 먹을 때는 부족한 아미노산을 채워주는 유제품, 육류, 생선 등과 함께 섭취하는 것이 좋습니다.

마음대로 즐기는 '취향별 저녁 레시피'

1. 아이와 함께 식사할 거예요.
① 두부닭갈비볶음밥 ② 새우듬뿍버섯파스타 ③ 문어비빔국수 ④ 두부그라탱

2. 매콤한 음식이 생각나요.
① 두부닭갈비볶음밥 ② 새우듬뿍버섯파스타 ③ 문어비빔국수 ④ 두부그라탱

3. 면 요리를 좋아해요.
① 두부닭갈비볶음밥 ② 새우듬뿍버섯파스타 ③ 문어비빔국수 ④ 두부그라탱

후보 1. 매콤하게 맛있는 '매콤형 1'

두부닭갈비볶음밥 p.212

주재료	닭 가슴살	**영양 성분 489kcal**
소요 시간	20~30분	순탄수화물 33g
조리 방법	볶기	지방 21g
		단백질 42g
예상 재료비	3,000원	나트륨 580mg
		식이 섬유 6g

후보 2. 럭셔리 요리가 부럽지 않은 '미식형'

새우듬뿍버섯파스타 p.214

주재료	새우	**영양 성분 460kcal**
소요 시간	20~30분	순탄수화물 21g
조리 방법	볶기	지방 17g
		단백질 56g
예상 재료비	5,000원	나트륨 550mg
		식이 섬유 12g

내 맘대로 골라 먹는 2주 차 저녁

후보 3. 매콤하게 맛있는 '매콤형 2'

문어비빔국수 p.216

주재료	문어	**영양 성분 440kcal**
소요 시간	30~40분	순탄수화물 39g
조리 방법	삶기	지방 15g
		단백질 40g
예상 재료비	7,000원	나트륨 800mg
		식이 섬유 8.2g

후보 4. 아이도 잘 먹는 '패밀리형'

두부그라탱 p.218

주재료	두부	**영양 성분 462kcal**
소요 시간	30~40분	순탄수화물 20g
조리 방법	삶기, 오븐 조리	지방 23g
		단백질 42g
예상 재료비	3,500원	나트륨 540mg
		식이 섬유 7g

닭 가슴살 | 두부닭갈비볶음밥

볶음밥에 밥은 적게 넣고 그 자리를 두부로 채운다면 고소하고 담백한 맛이 한층 배가된 저탄수 볶음밥을 만들 수 있어요. 여기에 매콤한 닭갈비를 더한다면? 맛 궁합 최고입니다!

28%
순탄수화물

재료포인트
냉동 닭 가슴살이 가성비가 좋아요.

필수 재료	닭 가슴살 130g, 양파 100g, 두부 100g, 채소밥 100g
양념&소스	토마토고추장 1스푼, 알룰로스 1스푼, 다진마늘 1스푼
집에 있는 재료	식용유 1.5스푼
맛있는 다이어트	밥 대신 두부를 더 많이 넣어 고소하고 부드러워요.

□ EASY
□ MEDIUM
□ HARD

20~30min

볶기

냉장 보관(3~4일)

489kcal

① 닭 가슴살은 한 입 크기로 썰어 양념 재료와 버무려둔다.
  토마토고추장을 미리 만들지 못했다면 일반 고추장 ½스푼과 고춧가루 ½스푼으로 만들어주세요.

② 달군 팬에 식용유를 두르고 약한 불에서 타지 않게 닭 가슴살을 볶는다.

③ 닭 가슴살이 반쯤 익으면 양파와 두부를 넣고 으깨면서 볶는다.
  여기까지 만든 것을 냉장 보관하면 다음번에 요리 시간을 단축할 수 있어요.

④ 수분이 충분히 날아가면 불을 끄고 채소밥에 얹어서 먹는다.

새우 | # 새우듬뿍버섯파스타

파스타 면을 끓일 필요 없어 좀 더 간편하고 가벼운 버섯파스타입니다.
새우를 넉넉히 넣어 토핑이 아쉽지 않은, 확실하게 포만감을 보장하는 식단이에요.

18%
순탄수화물

재료포인트
마늘은 생각보다 빨리 상해요.
하얗게 곰팡이가 피었거나 무른 것은 사용하지 마세요.

필수 재료	칵테일 새우 8~10미(250g), 새송이버섯 300g, 마늘 10톨(40g)
집에 있는 재료	올리브 오일 1.5스푼, 소금·후춧가루 약간
추가하면 좋은 재료	치킨 스톡 3~4g(소금 대용), 말린 홍고추
맛있는 다이어트	파스타 면 대신 버섯이 듬뿍! 감칠맛도 2배로 올렸어요.

□ EASY
□ MEDIUM
□ HARD

20~30min

볶기

냉장 보관(2~3일)

460kcal

① 새송이버섯은 얇고 길게 채 썬다.

② 달군 팬에 올리브 오일을 두르고 슬라이스한 마늘을 먼저 볶는다.

③ 마늘이 갈색으로 변하기 시작하면 새우를 넣고 함께 볶는다.
새우 대신 오징어나 조갯살을 넣어도 좋아요.

④ 버섯을 넣어 숨이 죽을 때까지 천천히 볶는다.

⑤ 수분이 많이 날아가고 자박자박해지면 소금, 후춧가루로 간한다.

문어

문어비빔국수

매콤새콤한 비빔국수도 탄수화물이 많아 먹기 망설여지셨죠?
소면 양은 대폭 줄이고 면과 비슷한 팽이버섯을 넣으면 저탄수 비빔국수를 만들 수 있어요.

35%
순탄수화물

재료포인트
문어에는 피로 해소 물질이 풍부해요.

필수 재료	문어 200g, 부추 70g, 양파 70g, 팽이버섯 150g, 소면 25g
양념&소스	토마토고추장 1스푼, 고춧가루 ½스푼, 참기름 1스푼, 다진 마늘 ½스푼
추가하면 좋은 재료	청양고추
맛있는 다이어트	소면 대신 팽이버섯을 듬뿍 넣어 탄수화물 함량을 낮췄어요. 눈으로 보기엔 비슷해서 만족도가 높아요.

□ EASY
□ MEDIUM
□ HARD

30~40min

삶기

냉장 보관(3~4일)

440kcal

① 문어는 소금 ½스푼 넣은 물에 6~8분 정도 삶는다.
자숙 문어인 경우 4~5분 삶으면 돼요. 낙지나 주꾸미, 오징어, 꼬막살 등으로 대체해도 좋아요.

② 문어를 꺼내 먹기 좋게 슬라이스한 후 양념 재료, 양파, 부추와 섞어 버무린다.
토마토고추장은 기호에 맞게 2~3스푼 넣으세요. 여기까지 완성된 것을 냉장 보관하면 3~4일간 먹을 수 있어요.

③ 팽이버섯과 소면은 함께 삶은 뒤 건져내 그릇에 담는다.

④ 분량만큼 덜어 면을 담은 그릇에 함께 담아 먹는다.
양념한 문어는 3회분입니다.

두부

17%
순탄수화물

두부그라탱

부드러운 식품의 대명사 두부와 감자, 그리고 바삭하고 짭짤한 베이컨이 만나 맛 좋은 그라탱이 완성되었어요.
감자가 들어가긴 하지만 탄수화물 함량은 매우 낮으니 안심하고 드세요.

재료포인트

저염 베이컨을 구매하면 더 좋아요. 의외로 금방 상하니 요리하고 남은 건 꼭 냉동 보관하세요.

필수 재료	두부 200g, 베이컨 40g, 모차렐라 치즈 40g, 감자 50g
집에 있는 재료	소금·후춧가루 약간
추가하면 좋은 재료	할라피뇨
곁들이면 좋은 밑반찬	무설탕 피클
맛있는 다이어트	짭쪼름한 베이컨과 치즈, 감자의 조합이 정말 최고예요.

①   두부는 한번 삶은 뒤 면보에 싸서 수분을 짜낸다.

②   감자는 1X1cm 길이로 작게 썬 뒤, 소금을 조금 넣은 물에 10분 이상 푹 삶는다.

③   베이컨은 바짝 구워 기름을 최대한 제거한다.

④   오븐용 그릇에 두부와 감자를 넣고 섞은 뒤 베이컨과 치즈를 뿌린다.
       여기까지 만든 것을 냉장 보관하면 다음번에 요리 시간을 단축할 수 있어요

⑤   180℃로 예열한 오븐에 넣고 10~15분 정도 익힌다.
       오븐이 없다면 전자레인지에 2~3분간 돌려주세요

3주차

낮아진 칼로리에 적응하는 저탄고단

하루 섭취	1,000kcal
감량 목표	−1.5kg
핵심 목표	조금 더 낮아진 칼로리에 적응하기

Check List

1. 2주 차 식단에 적응했나요? ◯ 적응하기 어려웠다. ◯ 버틸 만했다. ◯ 어렵지 않았다.
2. 운동을 하고 있나요? ◯ 주 3회 이상 ◯ 주 1~2회 ◯ 하고 있지 않다.
3. 이상 증상이 있나요? ◯ 생리를 안 한다. ◯ 눈 밑이 떨린다. ◯ 머리카락이 빠진다.

1
1,200kcal 식단에 적응하기 어려웠다면 1,000kcal 식단으로 넘어가기보다는 1주 차 혹은 2주 차 식단으로 돌아가 적응 기간을 조금 더 가져도 좋아요. 특히 어지럼증이 있는 등 컨디션이 크게 떨어졌다면 여유로운 마음으로 1,200kcal 식단을 다시 하면서 추천하는 간식을 챙겨 먹는 게 좋아요. 힘들지 않게 1~2주 차 식단을 해낸 분이라면 3주 차 식단으로 힘차게 나아가도 좋겠네요! 하지만 너무 힘들거나 지치진 않는지 몸 컨디션을 꾸준히 살피세요.

2
운동을 하고 있다면 체중 감량에 크게 도움이 돼요. 하지만 평소에 운동을 안 하다 시작하면 근육에 미세한 상처가 생기고(자연스러운 현상), 이 때문에 근육에 수분이 몰리면서 체중이 소폭 증가하거나 노력에 비해 체중이 정체하는 듯한 느낌을 받을 수 있어요. 이는 근육이 갑자기 1~2kg씩 붙어서도 아니고 체지방이 늘고 있어서도 아니랍니다. 일시적인 체수분 증가 현상으로 보는 것이 맞고 운동을 꾸준히 하고 시간이 흐르면 숫자에 조금씩 변화가 생깁니다. 참고로 근손실 예방은 중요하기 때문에 운동을 하는 것은 좋지만 너무 과한 운동은 되레 근 손실을 촉진하거나 어지러움 등의 부작용을 유발할 수 있으니 주의하세요.

3
다이어트 식단 시작 후 생리 예정일이 되었는데도 3~4일 이상 소식이 없다면 갑작스러운 절식으로 몸이 방어 태세를 갖춘 것일지도 몰라요. 이런 경우에는 다이어트 식단의 강도를 낮추는 걸 권장해요. 눈 밑이 떨리는 증상이 있는 경우 마그네슘 부족이 원인일 수 있어요. 이럴 때는 시금치, 깻잎과 같은 초록 잎 채소가 도움이 되니 식단에 넣으세요. 마지막으로 다이어트 식단을 시작한 후 머리카락이 많이 빠진다면 이 또한 몸에서 보내는 이상 신호일 수 있어요. 이때는 식단은 중단하고 생활 패턴을 바로잡으며 스트레스 조절을 하는 것이 중요합니다. 다이어트도 좋지만 건강과 몸 컨디션 유지가 가장 중요하다는 것을 항상 잊지마세요.

나만의 3주 차 식단 짜기

3주 차 추천 식단은 매일 다양한 단백질 식품을 섭취할 수 있도록 설계했어요. 하지만 만약 다양한 식재료를 구비해두는 것이 부담스럽다면 꼭 식단을 따르지 않아도 돼요. 예를 들면 점심엔 아롱사태가 들어가는 메뉴인 버섯잔치국수와 아롱사태냉채로 일주일을 보내도 괜찮아요.

☛ 전문가의 이번 주 추천 식단

아침 간편식에는 단백질 섭취량을 효율적으로 늘리기 위해 분리 유청 단백질을 포함시켰어요. 인터넷에서 손쉽고 저렴하게 구매할 수 있으니 좀 낯설어도 걱정하지 마세요. 금요일은 요리를 하지 않도록 조정했어요. 평일의 마지막 날인 만큼 조금 편한 하루를 보내시길 바라요. 그럼 이번 주도 응원할게요!

	MON	TUE	WED	THR	FRI	SAT	SUN
BREAKFAST	간편식 1	간편식 2	닭가슴살샐러드	간편식 1	간편식 2	흰강낭콩스무디	흰강낭콩스무디
LUNCH	낙지김치죽	아롱사태냉채	아롱사태냉채	두부달걀찜	아롱사태냉채	자유식	두부달걀찜
DINNER	닭안심찜닭	닭안심찜닭	제육볶음	닭안심찜닭	제육볶음	바지락곤약술찜	제육볶음

////////// 당일 요리가 필요한 메뉴

☛ 추천 식단대로 할 경우 해야 할 일

SUN	저탄수밥 7회분 만들어 냉동 보관하기	
MON	낙지김치죽 만들기	닭안심찜닭 3회분 만들기
TUE	아롱사태냉채 3회분 만들기	
WED	닭가슴살샐러드 만들기	제육볶음 3회분 만들기
THR	두부달걀찜 만들기	
FRI	요리없는 날!	
SAT	흰강낭콩스무디 만들기	바지락곤약술찜 만들기
SUN	흰강낭콩 스무디 만들기	두부달걀찜 만들기

아침 고르기

3주 차 아침 메뉴 선택 전 반드시 알아야 할 '상식 사전'

Q 탄수화물이 체내에서 지방이 되는 것을 막는 파세올라민이 풍부해 다이어트 보조제의 재료로도
사용되는 식품은 무엇일까요?

① 렌틸콩

② 녹차

③ 와일드망고

④ 흰강낭콩

⑤ 곤약

A 흰강낭콩
흰강낭콩에 들어 있는 파세올라민은 탄수화물의 지방 전환을 막아주죠. 따라서 탄수화물이
많은 음식을 먹을 때 활용한다면 약간의 도움을 받을 수 있어요. 물론 이런 기능이 있는 식품을 먹는다
해도 지나치게 과식한다면 의미가 없겠죠? 또 흰강낭콩은 탄수화물 함량이 낮은 콩류에 속합니다. 따
라서 저탄수 식단에 자주 포함시키면 좋답니다.

마음대로 즐기는 '취향별 아침 레시피'

1. 단백질 함량이 확실히 높은 걸 원해요.
① 닭가슴살샐러드   ② 흰강낭콩스무디   ③ 간편식 1   ④ 간편식 2

2. 아침 무기력감을 해소하고 싶어요.
① 닭가슴살샐러드   ② 흰강낭콩스무디   ③ 간편식 1   ④ 간편식 2

3. 소화가 잘되는 식단이 좋아요.
① 닭가슴살샐러드   ② 흰강낭콩스무디   ③ 간편식 1   ④ 간편식 2

후보 1. 단백질 함량이 높은 '고단백형 1'

닭가슴살샐러드 p.224

주재료	닭 가슴살	영양성분 194kcal
소요 시간	10분 이내	순탄수화물 8g
조리 방법	볶기	지방 6g
예상 재료비	2,000원	단백질 24g
		나트륨 250mg
		식이섬유 4g

후보 2. 하루가 거뜬한 '활력형'

흰강낭콩스무디 p.225

주재료	흰강낭콩	영양성분 205kcal
소요 시간	15~20분	순탄수화물 20g
조리 방법	삶기, 갈기	지방 5g
예상 재료비	1,500원	단백질 16g
		나트륨 180mg
		식이섬유 7.5g

내 맘대로
골라 먹는
3주 차 아침

후보 3. 단백질 함량이 높은 '간편식 1'

단백질두유셰이크 p.225

주재료	두유	영양성분 180kcal
소요 시간	5분 이내	순탄수화물 4g
조리 방법	갈기	지방 5g
예상 재료비	1,000원	단백질 29g
		나트륨 260mg
		식이섬유 2g

후보 4. 속이 편한 '간편식 2'

요거트에 키위가 풍덩 p.225

주재료	요거트, 키위	영양성분 180kcal
소요 시간	5분 이내	순탄수화물 14g
조리 방법	깎기, 섞기	지방 5g
예상 재료비	2,000원	단백질 19g
		나트륨 100mg
		식이섬유 2.3g

닭가슴살샐러드

다이어트 샐러드의 대명사 닭가슴살샐러드. 닭 가슴살은 100g당 단백질 함량이 가장 높은 육류 부위라고 말해도 과언이 아니죠. 따라서 저탄고단 식단에서 자주 활용하면 좋아요.

재료
닭 가슴살 100g
양상추 150g
토마토 50g

양념&소스
발사믹 드레싱 1스푼

집에 있는 재료
소금·후춧가루 약간

추가하면 좋은 재료
할리피뇨, 올리브, 양파

맛있는 다이어트
닭 가슴살이 물린다면 훈제닭 가슴살 등 가공닭 가슴살도 좋아요.

① 　　소금, 후춧가루로 밑간한 닭 가슴살을 팬에 굽는다.

② 　　양상추, 토마토를 먹기 좋게 썬 뒤 발사믹 드레싱에 버무린다.
　　　오리엔탈 드레싱으로 대체해도 좋아요. 토마토는 방울토마토 기준 5개입니다.

③ 　　채소 위에 닭 가슴살을 올린다.

⚬NOTE 훈제 닭 가슴살 등 가공된 것도 괜찮아요.

흰강낭콩스무디

탄수화물이 지방으로 전환되는 것을 막아주는 파세올라민이 풍부한 흰강낭콩을 넣은 스무디예요. 흰강낭콩은 칼륨도 풍부해서 짜게 먹은 다음 날 부기 해소에도 좋답니다.

재료 흰강낭콩 30g, 무가당 두유 200㎖

①   흰강낭콩을 15분간 삶은 뒤 흐르는 물에 헹군다.
      전날 미리 물에 불려두면 좋아요.

②   무가당 두유와 함께 믹서에 넣어 간다.

간편식 1. 단백질두유셰이크

무가당 두유와 유청 분리 단백질을 섞어 마시는 간편식이에요. 우유에서 추출한 유청 분리 단백은 우유에 있는 유당을 대부분 제거했기 때문에 순수한 단백질만 남아 있어요. 크리미한 맛이 나기 때문에 더 맛있게 먹을 수 있답니다.

재료 분리 유청 단백질 25g(2스푼), 무가당 두유 200㎖

①   분리 유청 단백과 저지방 무가당 두유를 섞는다.
      수저로 젓는 것보다는 믹서를 사용하면 빠릅니다

(NOTE) 분리 유청 단백질은 인터넷에서 쉽게 구입할 수 있어요. 인공향, 향료를 첨가하지 않은 순수 분리 유청 단백질로 구입하세요.

간편식 2. 요거트에 키위가 풍덩

플레인 요거트, 분리 유청 단백, 키위로 구성된 한 끼 식단입니다. 단백질이 풍부할뿐더러 키위 덕분에 소화도 잘되는 메뉴예요.

재료 플레인 요거트 100㎖, 분리 유청 단백질 15g(1스푼), 키위 1개

①   플레인 요거트에 분리 유청 단백을 넣고 섞는다.

②   먹기 좋게 썬 키위와 함께 먹는다.

(NOTE) 플레인 요거트는 무가당 제품으로 구입하세요.

저탄고단 3주 차

점심 고르기

3주 차 점심 메뉴 선택 전 반드시 알아야 할 '상식 사전'

Q 인체 내에서 체지방을 분해하는 데 아주 중요한 영양소인 '카르니틴'은 단백질 식품에 많아요.
다음 중 어떤 식품에 가장 많이 포함되어 있을까요?

① 소고기
② 돼지고기
③ 닭고기
④ 양고기
⑤ 오리고기

A 양고기
정답은 양고기입니다. 카르니틴은 지방을 분해하는 기관인 미토콘드리아로 들어가게 해주
는 열쇠와 같아서 체지방 감소에 도움을 주는 성분이에요. 육류 중 양고기에 가장 많고 그다음으로는
소고기, 돼지고기 순으로 많답니다. 구하기가 쉽지 않기 때문에 양고기를 레시피에 넣진 못했지만 가
끔 외식할 일이 있다면 양고기를 찾는 것도 좋겠죠?

마음대로 즐기는 '취향별 점심 레시피'

1. 따뜻하고 속 편한 음식이 좋아요.
① 두부달걀찜　②　낙지김치죽　③ 버섯잔치국수　④ 아롱사태냉채

2. 한번에 다량 만들 수 있는 편리한 메뉴를 원해요.
① 두부달걀찜　②　낙지김치죽　③ 버섯잔치국수　④ 아롱사태냉채

3. 칼칼한 메뉴가 먹고 싶어요.
① 두부달걀찜　② 낙지김치죽　③ 버섯잔치국수　④ 아롱사태냉채

후보 1. 속까지 따듯해지는 '든든형 1'

두부달걀찜 p.228

주재료	두부	영양 성분	389kcal
소요 시간	20~25분		순탄수화물 19g
			지방 19g
조리 방법	찌기		단백질 33g
			나트륨 160mg
예상 재료비	2,000원		식이섬유 7.3g

후보 2. 칼칼한 맛 '매콤형'

낙지김치죽 p.230

주재료	낙지	영양 성분	414kcal
소요 시간	30분		순탄수화물 25g
			지방 11g
조리 방법	볶기, 끓이기		단백질 41g
			나트륨 980mg
예상 재료비	5,000원		식이섬유 2g

내 맘대로
골라 먹는
3주 차 점심

후보 3. 속까지 따뜻해지는 '든든형 2'

버섯잔치국수 p.232

주재료	소고기	영양 성분	382kcal
소요 시간	20~30분		순탄수화물 31g
			지방 12g
조리 방법	끓이기		단백질 37g
			나트륨 950mg
예상 재료비	4,000원		식이섬유 7.9g

후보 4. 한번 만들어 쟁여두는 '실속형'

아롱사태냉채 p.234

주재료	소고기	영양 성분	406kcal
소요 시간	20~30분		순탄수화물 25g
			지방 14g
조리 방법	삶기, 무치기		단백질 45g
			나트륨 1300mg
예상 재료비	4,000원		식이섬유 6.3g

두부

두부달걀찜

두부에서 우러나오는 콩물이 달걀과 어우러져 더 담백하고 깊은 맛을 내는 달걀찜입니다.
물이 아닌 우유를 첨가한 것도 맛을 한층 업그레이드하는 데 큰 역할을 하죠.

19%
순탄수화물

재료 포인트
다진 채소는 버섯, 청양고추, 시금치 등 원하는 것으로 넣으세요.

필수 재료	두부 200g, 달걀 2개, 우유 100㎖, 양파·당근 등 다진 채소 50g(3스푼)
집에 있는 재료	소금·후춧가루 약간
곁들이면 좋은 밑반찬	저염 장아찌
함께 먹으면 좋은 밥	버섯밥
맛있는 다이어트	두부를 넣은 달걀찜은 특유의 고소함과 촉촉함이 좋아요.

☐ EASY
☐ MEDIUM
☐ HARD

20~25min

찌기

냉장 보관(1~2일)

389kcal

① 볼에 달걀, 우유, 두부, 물 ½종이컵(90㎖)을 넣고 으깨면서 섞는다.

② 다진 채소를 넣고 소금, 후춧가루로 간한다.

③ 뚝배기에 달걀물을 넣고 약한 불~중간 불에서 뚜껑을 닫고 천천히 익힌다.

④ 뚝배기가 없는 경우 전자레인지 조리도 가능하다.

3분간 익힌 뒤 달걀이 익었는지 확인하고, 덜 익었다면 1~2분 정도 더 돌려주세요. 원래는 밥 없이 먹어야 하지만, 양이 차지 않아 너무 힘들다면 버섯밥 약간과 함께 드세요.

낙지

낙지김치죽

죽은 수분이 많아 칼로리 대비 부피가 크죠. 따라서 포만감도 아주 크답니다.
특히 타우린이 풍부해 피로 해소에 도움되는 낙지와 칼칼한 김치의 조합은 이미 검증됐죠.

25%
순탄수화물

재료포인트
낙지 대신 오징어, 주꾸미, 새우 등으로 대체해도 좋아요.

필수 재료	낙지 300g, 김치 100g, 채소밥 100g
집에 있는 재료	참기름 1스푼
추가하면 좋은 재료	양파, 당근, 버섯
곁들이면 좋은 밑반찬	저염 장아찌
맛있는 다이어트	쫄깃한 낙지와 김치의 궁합이 참 좋아요. 양도 푸짐해서 칼로리 대비 만족도가 높답니다.

☐ EASY
☐ MEDIUM
☐ HARD

30min

볶기, 끓이기

냉동 보관(일주일)

414kcal

①   낙지는 굵은소금으로 박박 씻는다.

②   달군 팬에 참기름을 두르고 중간 불에서 낙지와 김치를 함께 볶는다.
       김치는 국물을 최대한 빼주세요

③   낙지가 거의 다 익어가면 물 3종이컵과 채소밥을 넣고 팔팔 끓인다.
       채소밥 대신 버섯밥으로 대체해도 좋아요

④   농도가 적당해지면 불을 끈다.

소고기 | 버섯잔치국수

버섯과 소고기를 듬뿍 넣어 국물 맛이 일품인 잔치국수예요.
소면은 소량 넣고 그 자리를 팽이버섯으로 채우기 때문에 탄수화물 걱정은 안 해도 된답니다.

32%
순탄수화물

재료포인트

국물 요리에 다시마는 감초 같은 역할을 해요.
멸치, 다시마 등을 구매할 땐 다 같이 들어 있는 백을 구입하면 편해요.

필수 재료	소고기 아롱사태 120g, 팽이버섯 200g, 소면 30g
국물 내기 재료	멸치, 다시마
집에 있는 재료	국간장 1스푼, 참기름 ½스푼
추가하면 좋은 재료	청양고추, 대파, 후춧가루
곁들이면 좋은 밑반찬	마늘초절임
맛있는 다이어트	따뜻하고 맑은 국물이 생각날 때 드시면 좋아요. 면처럼 보이는 팽이버섯이 국물 맛도 좋게 한답니다.

□ EASY
□ MEDIUM
□ HARD
|
20~30min
|
끓이기
|
냉장 보관(당일 섭취)
|
382kcal

①   소면과 팽이버섯은 끓는 물에 삶아 80% 정도만 익힌 뒤 꺼내서 찬물에 헹군다.

새송이, 표고버섯을 섞어도 좋아요. 소면은 삶기 전 건조 상태 중량이에요.

②   멸치, 다시마, 물 500㎖, 소고기를 넣고 물 양이 ⅔로 줄어들 때까지 끓인 뒤 멸치, 다시마는 건져낸다.

여기까지 완성된 육수는 미리 다량 만들어 냉동 보관하면 다음번 요리 시간을 절약할 수 있어요. 소고기는 지방이 적은 다른 부위를 사용해도 좋아요.

③   육수에 소면, 버섯, 국간장을 넣은 뒤 1분 이내로 한번 더 끓인다.

④   그릇에 옮겨 담고 참기름을 넣는다.

소고기 | 아롱사태냉채

아롱사태는 사태 중에서도 쫄깃한 맛이 일품이고 특유의 감칠맛이 좋은 귀한 부위랍니다.
냉채로 차갑게 먹을 때도 쫄깃한 식감이 빛을 발하죠. 두고두고 먹는 반찬으로 잘 활용해보세요.

25%
순탄수화물

재료포인트
파프리카는 표면이 쭈글쭈글하지 않고 단단하며 무거운 것이 좋아요.

필수 재료	소고기 아롱사태 130g, 양파 100g, 파프리카 100g, 오이 100g
양념&소스	깨간장소스(겨자간장소스 3스푼, 알룰로스 1스푼, 통깨 1스푼)
집에 있는 재료	소금·후춧가루 약간
함께 먹으면 좋은 밥	곤약밥
맛있는 다이어트	쫄깃한 식감이 일품인 아롱사태와 아삭한 채소가 만나 씹는 즐거움이 있어요.

□ EASY
□ MEDIUM
□ HARD

30~40min

삶기, 무치기

냉장 보관(2~3일)

406kcal

① 끓는 물에 소금, 후춧가루를 넣고 소고기를 푹 익힌다.
물은 소고기가 살짝 잠길 정도로 너무 많이 넣지 않는 것이 좋아요. 소고기는 지방이 적은 다른 부위를 사용해도 좋아요.

② 양파, 파프리카, 오이는 채 썬다.
양파는 양배추로, 오이는 당근으로 대체해도 좋아요.

③ 소스 재료를 한데 넣고 섞는다.
통깨가 없다면 참기름 1스푼으로 대체해도 좋아요.

④ 삶은 소고기를 꺼내 얇게 썰고 채 썬 채소와 한 접시에 담는다.

⑤ 깨간장소스를 뿌려서 먹는다.

저탄고단 3주 차

저녁 고르기

3주 차 저녁 메뉴 선택 전 반드시 알아야 할 '상식 사전'

Q 육류는 단백질 함량이 높고 지방 함량이 적을수록 질기거나 퍽퍽할 확률이 높은데, 이런 단점이 없는 저지방, 고단백 부위가 있습니다. 다음 중 어느 것일까요?

① 소고기 사태
② 돼지 안심
③ 닭 안심
④ 오리 가슴살
⑤ 소고기 우둔살

A 돼지 안심, 닭 안심

정답은 돼지 안심과 닭 안심입니다. 돼지 안심은 지방 함량은 3% 정도, 단백질 함량은 21% 정도지만 부드러워서 어린이용 장조림을 만들 때도 사용하고 육질이 부드러운 돈가스를 만들때도 자주 이용하는 부위입니다. 닭 안심은 닭 가슴살과 거의 비슷하게 지방은 1% 정도, 단백질은 23% 정도를 차지하지만 훨씬 부드럽고 씹기 좋아서 닭 가슴살의 퍽퍽한 식감을 싫어하는 분들에게 자주 권장하는 식재료랍니다.

마음대로 즐기는 '취향별 저녁 레시피'

1. 한번 만들어 오래 먹는 메뉴가 좋아요.
① 닭안심찜닭   ② 버섯불고기   **③** 제육볶음   ④ 바지락곤약술찜

2. 탄수화물이 확실히 적은 메뉴를 원해요.
① 닭안심찜닭   ② 버섯불고기   ③ 제육볶음   **④** 바지락곤약술찜

3. 포만감이 확실한 메뉴를 원해요.
① 닭안심찜닭   **②** 버섯불고기   ③ 제육볶음   ④ 바지락곤약술찜

후보 1. 한번 만들어 쟁여두는 '저장형 1'

닭안심찜닭 p.238

주재료	닭 안심	영양성분 407kcal	
소요 시간	30분		순탄수화물 34g
조리 방법	조리기		지방 12g
예상 재료비	3,000원		단백질 40g
			나트륨 1000mg
			식이섬유 5.8g

후보 2. 기분 좋게 배부른 '포만형'

버섯불고기 p.240

주재료	소고기	영양성분 420kcal	
소요 시간	30~40분		순탄수화물 29g
조리 방법	볶기		지방 12g
예상 재료비	4,500원		단백질 49g
			나트륨 871mg
			식이섬유 12g

내 맘대로 골라 먹는 3주 차 저녁

후보 3. 한번 만들어 쟁여두는 '저장형 2'

제육볶음 p.242

주재료	돼지고기 안심	영양성분 413kcal	
소요 시간	30분		순탄수화물 31g
조리 방법	볶기		지방 15g
예상 재료비	4,500원		단백질 40g
			나트륨 500mg
			식이섬유 6.5g

후보 4. 탄수화물이 매우 적은 '극저탄수형'

바지락곤약술찜 p.244

주재료	바지락	영양성분 405kcal	
소요 시간	20~30분		순탄수화물 23g
조리 방법	볶기, 끓이기		지방 16g
예상 재료비	5,500원		단백질 42g
			나트륨 850mg
			식이섬유 8.5g

닭 안심 | 닭안심찜닭

닭 가슴살보다 부드러운 안심은 퍽퍽하지 않지만 닭 가슴살과 비슷하게 고단백, 저지방 식품이에요.
한번에 다량 만들어 냉장 보관해도 덜 퍽퍽해지기 때문에 밥반찬으로 아주 좋답니다.

34% 순탄수화물

재료포인트
생강은 닭고기의 잡내를 잡아줄 뿐만 아니라 찜닭 소스 맛을 완성해주는 중요한 재료예요

필수 재료	닭 안심 150g, 양파 100g, 생표고버섯 50g, 곤약밥 100g
양념&소스	간장 1.5스푼, 굴소스 ½스푼, 다진 생강 ⅓스푼, 다진 마늘 ½스푼, 알룰로스 2스푼(알룰로스는 없으면 생략해도 좋아요)
집에 있는 재료	식용유 1스푼, 후춧가루 약간
추가하면 좋은 재료	청경채
곁들이면 좋은 밑반찬	저염 백김치
맛있는 다이어트	닭 가슴살도 괜찮고 당근을 일부 섞어도 좋아요. 생표고버섯은 새송이버섯으로, 곤약밥은 채소밥 또는 버섯밥으로 바꿔도 돼요.

①   닭 안심과 표고버섯을 양념에 재워둔다.

②   달군 팬에 식용유를 두르고 ①의 닭 안심, 표고버섯을 모두 부어 볶는다.

③   닭고기가 다 익어가면 양파를 넣고 후춧가루로 살짝 간한다.

④   곤약밥과 함께 먹는다.

소고기 | 버섯불고기

당면 넣은 불고기 좋아하시나요? 하지만 당면은 탄수화물 덩어리죠.
당면 대신 0칼로리인 곤약 면을 넣어 부피는 확 늘리고 칼로리는 낮춘 불고기 요리를 소개합니다.

28%
순탄수화물

재료포인트
충전수 제외 순수 곤약 면 무게입니다 식초물에 10분 정도 담가 특유의 향을 제거해주세요.

재료포인트
소고기는 얇게 썬 불고기용으로 구입하세요.

필수 재료	소고기 앞다리살 200g, 느타리버섯 100g, 당근 100g, 양파 100g, 곤약 면 100g
양념&소스	다진 마늘 1스푼, 간장 1.5스푼, 설탕 ½스푼, 후춧가루 약간
집에 있는 재료	참기름 1스푼
추가하면 좋은 재료	다진 생강, 말린 홍고추 또는 청양고추
맛있는 다이어트	곤약 면은 열을 가해 볶으면 식감이 꼬들꼬들해져요. 맛있는 면 요리를 먹는 기분도 난답니다.

□ EASY
□ MEDIUM
□ HARD

30~40min

볶기

냉장 보관(3~4일)

420kcal

①   소고기는 양념 재료와 섞어서 재우고 양파와 당근은 채 썰어둔다.
          설탕은 원래 사용하지 않지만 탄수화물 밸런스를 위해 소량 넣었어요. 원하지 않는다면 알룰로스 1스푼으로 대체하세요

②   달군 팬에 참기름을 두르고 소고기와 당근을 볶는다.

③   소고기가 반쯤 익으면 양파와 버섯, 곤약 면을 넣고 함께 볶는다.

돼지고기 | 제육볶음

단백질 함량이 높고 특유의 부드러운 식감이 장점인 돼지고기 안심을 활용한 제육볶음입니다.
일반 제육볶음보다 나트륨 함량을 낮췄으니 맘 편히 드세요.

31%
순탄수화물

재료포인트
고추장 양을 잘 지켜주세요. 밥이 적기 때문에 돼지고기가
짜게 조리되면 밥을 더 먹고 싶은 충동에 휩싸입니다.

필수 재료	돼지 안심 150g, 청양고추 ½개, 양파 100g, 곤약밥 100g
양념&소스	토마토고추장 ½스푼, 고춧가루 ½스푼, 다진 마늘 ½스푼, 알룰로스 1스푼
집에 있는 재료	식용유 1스푼
곁들이면 좋은 밑반찬	생강초절임, 저염 백김치
맛있는 다이어트	토마토고추장을 활용해 나트륨 함량을 낮췄어요.

□ EASY
□ MEDIUM
□ HARD

30min

볶기

냉장 보관(2~3일)

413kcal

① 깨끗이 손질해 먹기 좋게 썬 돼지고기를 양념 재료와 함께 버무려둔다.
여기까지 만든 양념된 돼지고기는 2주 정도 냉동 보관할 수 있어요

② 달군 팬에 식용유를 두르고 양파를 1분 정도 먼저 볶는다.

③ 양념한 돼지고기를 넣고 함께 볶는다.

④ 돼지고기가 거의 다 익으면 양파를 넣고 2~3분 정도 더 볶고 불을 끈다.

⑤ ④를 곤약밥 위에 얹는다.
채소밥 또는 버섯밥으로 대체해도 좋아요.

바지락

바지락곤약술찜

봉골레파스타 느낌도 나고 포차에서 먹던 조개찜 맛도 나는 바지락술찜입니다. 새우도 함께 넣기 때문에
좀 더 다채롭고 국물 맛이 좋은 메뉴로 재탄생했어요. 곤약 면도 있으니 포만감은 걱정 마세요.

23%
순탄수화물

재료 포인트
판형 곤약도 괜찮아요.

재료 포인트
바지락은 산지 직송으로 구매하는 것이 확실히 맛있어요. 모시조개 등 다른 조개로 바꿔도 좋아요.
하루 전에 해감을 빼 냉장 보관해두면 좋아요. 표기된 무게는 껍질 포함 무게입니다.

재료 포인트
두부는 단단한 부침용 두부로 구입하세요.

필수 재료	바지락 300g(껍질 포함 무게), 새우 100g(3~4미), 곤약 면 100g, 두부 100g, 마늘 10톨(40g)
집에 있는 재료	막걸리 ½종이컵, 소금·후춧가루 약간, 올리브 오일 1스푼
추가하면 좋은 재료	치킨 스톡 2g(소금 대용), 말린 홍고추
맛있는 다이어트	조개와 새우에서 우러나온 국물 맛이 환상적이에요.

| 20~30min | 볶기, 끓이기 | 냉장 보관(1~2일) | 405kcal |

①   바지락은 소금 물에 미리 해감을 뺀다.

②   달군 팬에 올리브 오일을 두르고 마늘을 먼저 볶는다.

③   마늘이 갈색으로 변하기 시작하면 새우, 바지락, 막걸리를 넣고 익힌다.

       막걸리의 알코올을 날리고 약 30초 후 뚜껑을 덮으세요. 막걸리는 소주나 화이트 와인으로 대체해도 됩니다.

④   조개껍질이 절반 이상 열리면 두부, 곤약 면을 넣고 소금과 후춧가루로 간한다.

⑤   다시 뚜껑을 닫고 5분 이상 끓인 뒤 불을 끈다.

       불을 너무 세게 하면 바닥이 탈 수 있어요. 국물이 너무 졸아들진 않는지 확인하며 불을 조절해주세요. 부족한 경우 물을
       ½종이컵 정도 넣어서 끓여도 좋아요.

4주차

자유식 없는 완벽한 저탄고단

하루 섭취	**1,000kcal**
감량 목표	**−1kg**
핵심 목표	자유식 없는 완벽한 한 주 보내기

Check List

1. 3주 차 식단이 할 만했나요? ◯ 너무 힘들었다. ◯ 괜찮았다. ◯ 문제 없이 했다.
2. 체중이 목표치보다 적게 빠졌나요? ◯ 적게 빠졌다. ◯ 비슷하게 빠졌다. ◯ 더 많이 빠졌다.
3. 무기력하고 피곤한가요? ◯ 자주 피곤하다. ◯ 평소와 비슷하다. ◯ 컨디션이 괜찮다.

1
1,200kcal에서 1,000kcal로 바뀌면서 몸과 마음이 지치는 분이 있을지도 모르겠어요. 1,000kcal 식단에 적응하기 힘들었다면 1,200kcal 식단으로 돌아가도 괜찮아요. 아니면 간식을 조금씩 추가해도 좋고요. 만약 컨디션은 괜찮은데 요리를 하고 식단을 챙기는 게 귀찮고 힘들었다면 일주일 식단을 조금 더 간소화해도 좋아요. 다양하게, 완벽하게 하려는 마음이 어쩌면 다이어트를 방해하고 있을지도 몰라요. '문제 없이 했다'를 선택한 분들은 너무 잘하고 있다고 말씀드릴 수 있을 것 같아요. 직접 요리해야 하는 메뉴로 다이어트를 한다는 것은 어지간한 노력으로 되는 것이 아니거든요!

2
저탄수 다이어트 식단은 키 160cm, 몸무게 70kg인 여성을 기준으로 목표치를 잡았어요. 하지만 비슷한 체형인데도 감량이 잘 안 됐다면 먼저 식단대로 잘 따라왔는지, 괜찮을 거라 생각하고 타협한 부분은 없었는지 생각해봅시다. 만약 식단대로 완벽하게 했는데도 감량폭이 작았다면 체질, 기초대사량, 활동량 등의 영향을 받았을 가능성이 높아요. 이런 분들은 운동을 하고 있지 않다면 가벼운 운동을 시작해보는 게 좋겠어요. 반면 3주 차가 지난 지금 7kg 이상 감량되었다면 식단보다 더 적게 먹진 않았는지, 지나친 고강도 & 장시간 운동을 하고 있진 않은지 점검해보세요!

3
저칼로리 저탄수 식단을 3주 이상 진행했다면 무력감, 피로감은 어찌 보면 자연스럽게 따라오는 문제인 것 같아요. 하지만 일상생활에 방해를 받을 정도라면 약간의 변화를 줄 필요가 있어요. 먼저 에너지 대사를 원활하게 해 힘이 날 수 있게 해주는 비타민 B군과 카르니틴을 챙겨 먹으면 좋아요. 그리고 탄수화물 섭취량을 줄이면 덩달아 부족해지는 비타민 C는 대표적인 피로 해소 물질이죠. 따라서 증상에 맞춰 영양제를 먹는 것도 좋은 방법입니다. 단, 질병이 있는 분들은 영양제를 먹기 전에 담당의와 상의하는 것, 잊지 마세요.

나만의 4주 차 식단 짜기

추천 식단도 좋지만 스스로 식단을 만들어보세요. 메뉴를 쭉 훑어보고 마음에 드는 것만 쏙쏙 식단에 넣는 거죠. 이번 주 메뉴에는 크게 힘든 요리가 없으니 수월하게 하실 수 있을 거예요.

☛ 전문가의 이번 주 추천 식단

마지막 주에는 열심히 달려온 분들이 조금 편하시라고 요리가 전혀 없는 날을 이틀 만들고 복잡한 레시피는 뺐어요. 물론 당일 만든 따끈한 요리가 좋다, 어려워도 맛있으면 된다는 분은 매일 요리해도 좋지만 대부분은 시간을 아끼길 원하실 거예요. 점심에는 삼치구이가 있는데, 생선을 집에서 굽길 꺼리는 분이 계실 것 같아 식단표에는 따로 넣지 않았어요. 하지만 생선이 포함된 식단을 권장하니 생선구이를 좋아하는 분이라면 꼭 식단에 넣어보세요. 눈치채셨겠지만 마지막 주에는 자유식이 없답니다. 미리미리 약속은 다음 주로 미루시길 바라요. 마지막 주인 만큼 최선을 다해 유혹을 이겨내봅시다.

	MON	TUE	WED	THR	FRI	SAT	SUN
BREAKFAST	간편식 1	간편식 1	간편식 2	간편식 2	간편식 1	간편식 2	게살샐러드
LUNCH	반숙달걀장조림	반숙달걀장조림	새우어묵	새우어묵	새우어묵	반숙달걀장조림	닭가슴살샌드위치
DINNER	닭가슴살 브로콜리찜	닭가슴살 브로콜리찜	소고기장조림덮밥	참치두부죽	소고기장조림덮밥	참치두부죽	소고기장조림덮밥

/////////// 당일 요리가 필요한 메뉴

☛ 추천 식단대로 할 경우 해야 할 일

SUN	저탄수밥 10회분 만들어 냉동 보관하기	
MON	닭가슴살브로콜리찜 만들기	반숙달걀장조림 3회분 만들기
TUE	요리없는날!	
WED	새우어묵 3회분 만들기	소고기장조림덮밥 3회분 만들기
THR	참치두부죽 만들기	
FRI	요리없는날!	
SAT	참치두부죽 만들기	
SUN	게살샐러드 만들기	닭가슴살샌드위치 만들기

저탄고단 4주 차

아침 고르기

4주 차 아침 메뉴 선택 전 반드시 알아야 할 '상식 사전'

Q 다음 중 단백질보다 탄수화물 함량이 높은 식품은 무엇일까요?

① 베이컨
② 모차렐라 치즈
③ 소고기 육포
④ 연두부
⑤ 김밥용 맛살

A 김밥용 맛살
김밥용 맛살은 흰 살 생선, 게살 등 단백질 식품과 전분으로 만들어요. 따라서 연육 함량이 낮은 맛살(게살)을 구매한다면 저탄수 식단에 방해가 될 수 있답니다. 따라서 게살을 구입할 땐 연육 비율이 높은 것을 선택하세요.

마음대로 즐기는 '취향별 아침 레시피'

1. 탄수화물이 적은 메뉴를 원해요.
① 게살샐러드   ② 시금치두유셰이크   ③ 간편식 1   **④ 간편식 2**

2. 비타민, 무기질이 풍부한 메뉴가 좋아요.
① 게살샐러드   **② 시금치두유셰이크**   ③ 간편식 1   ④ 간편식 2

3. 단백질을 넉넉히 섭취하고 싶어요.
① 게살샐러드   ② 시금치두유셰이크   **③ 간편식 1**   ④ 간편식 2

후보 1. 비타민이 풍부한 '영양소형 1'

게살샐러드 p.250

		영양 성분	205kcal
주재료	게살(맛살)	순탄수화물	19g
소요 시간	20~25분	지방	5g
조리 방법	다지기	단백질	21g
예상 재료비	2,500원	나트륨	130mg
		식이섬유	3g

후보 2. 비타민이 풍부한 '영양소형 2'

시금치두유셰이크 p.251

		영양 성분	204kcal
주재료	시금치	순탄수화물	15g
소요 시간	15분	지방	8g
조리 방법	삶기, 갈기	단백질	18g
예상 재료비	2,500원	나트륨	300mg
		식이섬유	5g

내 맘대로
골라 먹는
4주 차 아침

후보 3. 시간이 많이 들지 않는 '간편식 1'

고단백 어벤져스 p.251

		영양 성분	225kcal
주재료	프로틴 바	순탄수화물	6g
소요 시간	5분 이내	지방	9g
조리 방법	없음	단백질	22g
예상 재료비	2,500원	나트륨	315mg
		식이섬유	15g

후보 4. 시간이 많이 들지 않는 '간편식 2'

두부가 달걀을 만났을 때 p.251

		영양 성분	191kcal
주재료	두부	순탄수화물	5g
소요 시간	5분 이내	지방	8.5g
조리 방법	없음	단백질	24g
예상 재료비	3,500원	나트륨	480mg
		식이섬유	1g

게살샐러드

게살과 흰 살 생선으로 만드는 게맛살을 와사비마요와 섞어 얹은 샐러드예요. 달걀흰자를 추가해 살짝 부족할 수 있는 단백질도 보완했어요.

재료
게살(맛살) 100g
달걀흰자 2개분
오이 100g
양파 100g

양념&소스
와사비마요소스 1스푼(만들어 둔 것이 없다면 일반 마요네즈를 사용해도 좋아요)

① 게살은 결대로 찢고 양파, 오이는 작게 깍둑 썬다.
게살은 연육 비율이 75% 이상인 것으로 구입하세요. 참치로 대체해도 좋아요. 오이 대신 브로콜리로 대체해도 돼요.

② 달걀은 삶아서 흰자만 분리해 으깬다.

③ 모든 재료를 한데 섞고 그릇에 담는다.

(NOTE) 달걀은 텁텁함을 줄이고 단백질 함량을 늘리기 위해 흰자만 사용하지만 노른자가 아깝다면 달걀 1개로 바꿔도 돼요.

시금치두유셰이크

비타민 A, 엽산, 마그네슘이 풍부한 시금치는 시력을 보호하고 빈혈과 눈 떨림 증상을 예방하죠. 이 시금치 스무디 1잔이면 하루 비타민 A 필요량의 약 35% 를 충족할 수 있으니 밝은 눈을 위해 꼭 먹어보세요.

재료 시금치 100g, 무가당 두유 300㎖, 흰강낭콩 20g, 알룰로스 1스푼

① 흰강낭콩은 소금을 넣은 물에 5분 이상 끓인다.
　　흰강낭콩 대신 검정콩(서리태)으로 대체해도 좋아요.

② 강낭콩을 건져내고 시금치를 1분 이내로 잠깐 데친다.
　　여기까지 완료된 시금치와 콩을 냉동 보관해두면 다음번에 시간을 절약할 수 있어요.

③ 무가당 두유, 흰강낭콩, 시금치, 알룰로스를 믹서에 넣어 간다.

간편식 1. 고단백 어벤져스

비타민 E가 풍부한 아몬드 브리즈와 프로틴 바로 구성된 아주 간편한 아침 식사 예요. 프로틴 바는 직접 만들어도 좋지만 시중에 나온 제품도 좋아요.

재료 프로틴 바 1개, 아몬드 브리즈 190㎖

① 프로틴 바는 추천한 제품 중 하나를 선택해 미리 준비한다.

② 아몬드 브리즈 1팩과 함께 먹는다.

(NOTE) 프로틴 바는 커클랜드 프로틴 바, 뉴트리그램 솔직단백, 아이즈 프로틴 바 아몬드 브리 즈는 언스위트 혹은 오리지널로 추천합니다.

간편식 2. 두부가 달걀을 만났을 때

연두부, 달걀흰자, 스트링 치즈로 구성된 간편식이에요. 보통 편의점에서 세 가 지 모두 판매하기 때문에 쉽게 준비할 수 있을 거예요.

재료 모닝두부 140g, 달걀흰자 3개분, 저지방 스트링 치즈 24g

① 달걀은 삶은 뒤 흰자만 분리한다.

② 모닝두부, 스트링 치즈와 함께 먹는다.

(NOTE) 두부는 오리엔탈 드레싱이 포함된 것으로 구입하세요. 달걀은 구운란, 훈제란 등도 좋 아요. 저지방 스트링 치즈는 중량이 30g 이내인 것으로 구입하시면 돼요.

저탄고단 4주 차
점심 고르기

4주 차 점심 메뉴 선택 전 반드시 알아야 할 '상식 사전'

Q 고등어와 비슷한 맛을 내지만 지방 함량은 적고 비타민 D 함량은 2배 가까이 높은 고단백 생선은 무엇일까요?

① 연어
② 삼치
③ 꽁치
④ 전어
⑤ 가자미

A 삼치
삼치에 풍부한 비타민 D는 숙면과 우울증 예방, 뼈 건강에 영향을 미치는 아주 중요한 영양소예요. 생선 외의 다른 식품으로 충분한 양을 섭취하기 어렵지요. 따라서 생선을 주기적으로 섭취해야 하는 이유에 비타민 D도 큰 몫을 한답니다. 그중에서도 삼치는 고등어보다 부드럽고 비린 맛도 적어 어린이나 노인이 먹기에 부담 없는 생선입니다.

마음대로 즐기는 '취향별 점심 레시피'

1. 도시락으로 싸 가기 좋은 메뉴를 원해요.
① 닭가슴살샌드위치　　② 반숙달걀장조림　　③ 삼치마늘구이　　④ 새우어묵

2. 한번에 많이 만들기 좋은 메뉴가 좋아요.
① 닭가슴살샌드위치　　② 반숙달걀장조림　　③ 삼치마늘구이　　④ 새우어묵

3. 조리 시간이 짧은 메뉴 없을까요?
① 닭가슴살샌드위치　　② 반숙달걀장조림　　③ 삼치마늘구이　　④ 새우어묵

후보 1. 도시락으로 탁월한 '간편형'

닭가슴살샌드위치 p.254

주재료	닭 가슴살	영양 성분 390kcal	
소요 시간	20~25분		순탄수화물 36g
			지방 9g
조리 방법	굽기		단백질 38g
			나트륨 601mg
예상 재료비	2,500원		식이섬유 3g

후보 2. 두고두고 먹는 '집 반찬형'

반숙달걀장조림 p.256

주재료	달걀	영양 성분 385kcal	
소요 시간	40~50분		순탄수화물 40g
			지방 14g
조리 방법	삶기		단백질 25g
			나트륨 525mg
예상 재료비	1,500원		식이섬유 1.4g

내 맘대로 골라 먹는 4주 차 점심

후보 3. 혈관 건강 챙기는 '보양식형'

삼치마늘구이 p.258

주재료	삼치	영양 성분 391kcal	
소요 시간	15분		순탄수화물 29g
			지방 12g
조리 방법	굽기		단백질 42g
			나트륨 230mg
예상 재료비	1,000원		식이섬유 4.5g

후보 4. 식감에 놀라는 '미각 만족형'

새우어묵 p.260

주재료	새우	영양 성분 420kcal	
소요 시간	40~50분		순탄수화물 23g
			지방 12g
조리 방법	갈기, 찌기		단백질 52g
			나트륨 1090mg
예상 재료비	3,500원		식이섬유 2g

닭 가슴살 | 닭가슴살샌드위치

닭 가슴살과 치즈가 들어간 샌드위치예요. 빵을 그리워했다면 좋아할 만한 메뉴일 겁니다.
도시락으로 싸기도 좋으니 자주 활용해보세요.

36%
순탄수화물

재료포인트
통밀(호밀) 식빵이 좋아요. 남은 건 냉동 보관하세요.

필수 재료	닭 가슴살 120g, 식빵 2장(70g), 슬라이스 치즈 1장(20g), 양파 30g
집에 있는 재료	후춧가루 약간
추가하면 좋은 재료	토마토, 할라피뇨, 카옌페퍼(닭 가슴살 구울 때 뿌리면 좋아요)
곁들이면 좋은 밑반찬	무설탕 피클, 할라피뇨
맛있는 다이어트	다이어트할 때 많이 찾는 메뉴 중 하나로 빵을 좋아하는 분께 추천합니다.

□ **EASY**
□ MEDIUM
□ HARD

20~25min

굽기

냉장 보관(당일 섭취)

390kcal

① 양파는 얇게 채 썬다.

② 닭 가슴살은 굽거나 삶은 뒤 결대로 찢어 후춧가루로 간한다.

훈제 닭 가슴살 등 조미한 가공품도 괜찮아요. 닭 가슴살을 고를 땐 전분이 들어가지 않은 닭고기 95% 이상인 것을 구매해 주세요.

③ 식빵 위에 슬라이스 치즈를 올린 뒤 닭 가슴살, 양파, 식빵 순으로 올린다.

슬라이스 치즈는 와사비마요 1스푼으로 대체할 수 있어요.

점심 후보 2

달걀

반숙달걀장조림

일식집에서 간혹 볼 수 있는 반숙달걀장조림이에요. 삶는 시간만 잘 맞추면 흰자는 촉촉하고 노른자는 사르르 녹는 달걀을 맛볼 수 있어요. 냉장 보관하기도 좋아 밥반찬으로 딱이죠.

41%
순탄수화물

재료 포인트
진한 색을 입혀주는 진간장을 선택하세요.

필수 재료	달걀 4개, 채소밥 150g
양념&소스	간장소스(간장 ⅓종이컵, 마늘 5톨(20g), 양파 ⅓개, 대파 ½뿌리, 알룰로스 4스푼)
집에 있는 재료	소금 약간, 식초 약간
추가하면 좋은 재료	다시마, 생강, 통후추(간장 끓일 때 넣으면 좋아요)
곁들이면 좋은 밑반찬	저염 장아찌
함께 먹으면 좋은 밥	채소밥
맛있는 다이어트	일식집에서 가끔 맛보던 바로 그 반숙란이에요. 부드럽고 녹진한 맛이 참 좋아요.

☐ EASY
☐ **MEDIUM**
☐ HARD

40~50min

삶기

냉장 보관(일주일)

385kcal

① 소금, 식초를 2스푼씩 넣고 달걀을 삶는다.
끓기 시작했을 때 기준으로 7분간 삶습니다 완숙을 좋아한다면 2분 정도 더 삶으세요.

② 삶은 달걀은 찬물에 담가둔다.
이때 껍질을 살짝 깨뜨려놓으면 껍질 까기가 수월해져요.

③ 냄비에 물 6종이컵과 간장소스 재료를 모두 넣고 마늘이 쉽게 으깨질 때까지 끓인다.

④ 간장소스의 건더기를 모두 건져낸 다음 한 김 식힌 후, 껍질 깐 달걀과 간장소스를 용기에 담고 냉장 보관한다.
간장소스가 식을 때까지 기다리지 않고 달걀과 섞으면 안 돼요. 달걀이 소스의 열기에 익어서 반숙이 아닌 완숙이 될 수도 있어요.

⑤ 채소밥과 달걀 4개를 함께 먹는다.

삼치

삼치마늘구이

지방이 적고 단백질이 풍부한 삼치는 부담 없이 생선 단백질을 섭취하기 좋답니다.
마늘과 함께 구워 비릿함은 날리고 풍미는 업그레이드한 조리법으로 더 맛있게 즐겨보세요.

재료포인트
삼치는 손질 해 냉동한 것을 구입하면 편리해요. 비타민 D가 풍부해 뼈 건강을 책임져요.

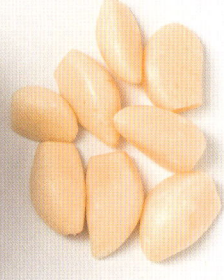

필수 재료	삼치 200g, 마늘 8톨(40g), 채소밥 100g
집에 있는 재료	후춧가루 약간, 식용유 ½스푼
추가하면 좋은 재료	로즈메리(생선 구울 때 소량 넣으면 좋아요), 쌈채소, 와사비간장
곁들이면 좋은 밑반찬	생강초절임
맛있는 다이어트	로즈메리 향을 입힌 생선구이는 특별한 풍미를 내 기분 좋은 식사가 될 거예요.

① 달군 팬에 식용유를 두르고 마늘을 먼저 볶는다.

② 마늘이 갈색이 되기 시작하면 삼치를 올린다.
   껍질이 아닌 안쪽 살이 팬에 닿게 올리세요.

③ 안쪽 살이 충분히 익으면 뒤집어서 골고루 익힌다.
   에어프라이기를 사용해도 좋아요.

④ 다 익으면 채소밥과 함께 먹는다.

새우 | 새우어묵

집에서 어묵을 만든다니 생뚱맞고 어려울 것 같나요? 하지만 생각보다 만들기 쉽고 해산물의 찰진 식감이 매력적이라 자꾸 생각나는 메뉴랍니다. 한번 만들면 오래 냉동 보관할 수도 있으니 망설이지 마세요.

22%
순탄수화물

재료포인트

마트에서 항상 판매하는 냉동 명태를 구매하세요.
흰살 생선인 대구살, 명태살 등은 마트에 가면 냉동된 것으로 쉽게 구할 수 있어요.

필수 재료	새우 250g, 흰 살 생선 100g, 브로콜리 50g, 감자 전분 1.5스푼(23g)
양념&소스	겨자간장소스 2스푼, 참기름 ½스푼(미리 만들어둔 것이 없다면 간장 2스푼으로 대체해도 좋아요)
집에 있는 재료	식용유 1스푼
추가하면 좋은 재료	페페론치노
곁들이면 좋은 밑반찬	겨자소스부추무침
맛있는 다이어트	오동통한 새우 식감이 그대로 느껴져요. 겨자소스와의 맛 궁합도 최고!

□ EASY
□ MEDIUM
□ HARD

40~50min

갈기, 찌기

냉동 보관(2주)

420kcal

① 브로콜리는 2~3분간 데친 뒤 잘게 다진다.

② 새우, 흰 살 생선은 핸드 블렌더로 간다.

③ 브로콜리와 감자 전분을 넣어 섞는다.
감자 전분 대신 다른 전분도 괜찮아요. 이 상태로 1시간 정도 냉장고에 숙성시키면 좋지만 생략해도 돼요

④ 찜기에 종이 포일을 깔고 식용유를 바른 뒤 그 위에 어묵살을 넓적하게 깐다.

⑤ 어묵살 위쪽에도 식용유를 발라준 뒤 15~20분간 찐다.

⑥ 겨자간장소스와 참기름을 섞어 소스를 만든 뒤 완성된 어묵을 찍어서 먹는다.

저탄고단 4주 차

저녁 고르기

4주 차 저녁 메뉴 선택 전 반드시 알아야 할 '상식 사전'

Q 다음 중 단백질 함량이 가장 높은 고기는 무엇일까요?

1. 닭 가슴살
2. 소고기 사태
3. 돼지고기 안심
4. 소고기 우둔살
5. 오리 가슴살

A 정답은 1번부터 5번 모두입니다.
놀라셨나요? 사실 위에 나열한 것들은 단백질 함량이 가장 높은 부위랍니다. 위의 다섯 가지 육류 모두 단백질이 22~23%로 구성되어 있어요. 그렇다면 단백질이 가장 적은 부위는 어디일까요? 닭 날개가 12%로 가장 낮은 편에 속합니다. 껍질이 차지하는 비율이 높아 단백질보다는 지방이 많은 것이 원인인 것 같네요.

마음대로 즐기는 '취향별 저녁 레시피'

1. 한번 만들어 오래 먹을 수 있는 메뉴를 원해요.
   1 소고기장조림덮밥 ② 참치두부죽 **3** 닭가슴살브로콜리찜 ④ 소고기샤부샤부

2. 포만감을 보장하는 메뉴 없을까요?
   ① 소고기장조림덮밥 **2** 참치두부죽 ③ 닭가슴살브로콜리찜 **4** 소고기샤부샤부

3. 탄수화물이 적은 메뉴가 좋아요.
   ① 소고기장조림덮밥 ② 참치두부죽 ③ 닭가슴살브로콜리찜 **4** 소고기샤부샤부

후보 1. 온 가족이 함께 먹는 '집 반찬형'

소고기장조림덮밥 p.264

주재료	소고기	영양 성분 400kcal	
소요 시간	40~50분	순탄수화물 33g	
		지방 11g	
조리 방법	끓이기	단백질 40g	
예상 재료비	4,000원	나트륨 600mg	
		식이섬유 5g	

후보 2. 지친 몸과 마음을 달래는 '따뜻한 한 끼형'

참치두부죽 p.266

주재료	참치	영양 성분 380kcal	
소요 시간	20분	순탄수화물 31g	
		지방 14g	
조리 방법	끓이기	단백질 32g	
예상 재료비	2,500원	나트륨 440mg	
		식이섬유 4.3g	

내 맘대로 골라 먹는 4주 차 저녁

후보 3. 쉬워서 자주 찾는 '간편형 1'

닭가슴살브로콜리찜 p.268

주재료	닭 가슴살	영양 성분 421kcal	
소요 시간	30분	순탄수화물 36g	
		지방 12g	
조리 방법	끓이기	단백질 40g	
예상 재료비	2,500원	나트륨 570mg	
		식이섬유 6g	

후보 4. 고급스럽지만 쉽게 하는 '간편형 2'

소고기샤부샤부 p.270

주재료	소고기	영양 성분 396kcal	
소요 시간	20~30분	순탄수화물 28g	
		지방 8g	
조리 방법	끓이기	단백질 53g	
예상 재료비	6,500원	나트륨 1380mg	
		식이섬유 8g	

소고기 | 소고기장조림덮밥

국민 반찬 소고기장조림도 굉장히 고단백 식품이라는 사실을 아시나요?
버터를 약간 녹인 밥 위에 얹어 먹으면 밥도둑이 따로 없어요.

33%
순탄수화물

재료포인트
소고기 대신 돼지고기 안심으로 대체해도 좋아요.

필수 재료	소고기 사태 150g, 표고버섯 50g, 버터 5g(1회분), 곤약밥 150g(1회분)
국물 재료	물 500㎖, 마늘 5톨(20g), 대파 ⅓대, 다시마 5g, 통후추 5알, 소주 ¼컵(40㎖)
집에 있는 재료	간장 ¼컵(40㎖), 알룰로스 1스푼
맛있는 다이어트	표고버섯과 소고기를 함께 조리면 감칠맛이 배가돼요.

☐ EASY
☐ MEDIUM
☐ HARD

40~50min

끓이기

냉장 보관(일주일)

400kcal

①   냄비에 국물 재료, 소고기를 넣고 15분간 끓인다.

②   거품과 국물 재료, 소고기를 건져내고 간장, 알룰로스, 버섯을 넣는다.

③   소고기는 잘게 찢어 다시 냄비에 넣고 끓인다.

④   소고기가 살짝 잠길 정도로 국물이 졸아들면 불을 끄고 식힌다.

⑤   버터, 곤약밥과 함께 먹는다.

참치 | 참치두부죽

짭짤한 감칠맛이 있는 참치와 부드럽고 고소한 맛을 책임지는 두부가 만나 저탄수 죽이 되었어요.
재료도 저렴한 편이라 주머니 가벼운 자취생들에게 권하는 메뉴예요.

32%
순탄수화물

재료 포인트
채소는 당근, 브로콜리, 양파, 대파 등 자유롭게 넣으세요.

필수 재료	두부 100g, 참치 90g, 다진 채소 70g, 채소밥 100g
곁들이면 좋은 밑반찬	저염 백김치
맛있는 다이어트	양이 많아 든든하고 만들기도 간편해요.

①   물 500ml와 밥, 그리고 채소를 먼저 끓인다.
          채소밥 대신 버섯밥으로 대체해도 좋아요.

②   으깬 두부를 넣는다.

③   농도가 적당해지면 참치를 넣고 1분 이내로 끓인 뒤 불을 끈다.
          참치는 기름을 최대한 제거한 상태에서 잰 무게입니다. 참치는 오래 끓이면 퍼석해져요. 참치가 짭짤하기 때문에 소금 간은 별도로 하지 않는 것이 좋아요.

닭가슴살 | 닭가슴살브로콜리찜

닭 가슴살과 브로콜리를 함께 쪄내는 메뉴예요. 브로콜리에도 닭 가슴살 육수와 버터가 녹아들어
닭 가슴살 못지않게 맛있어요. 덕분에 채소를 맛있게 섭취할 수 있다는 것이 장점이죠.

35%
순탄수화물

재료포인트
닭 가슴살을 닭 안심으로 대체하면 안 돼요.
닭 안심은 오래 푹 끓이면 쉽게 부서지거든요. 되도록 닭 가슴살로 만드세요.

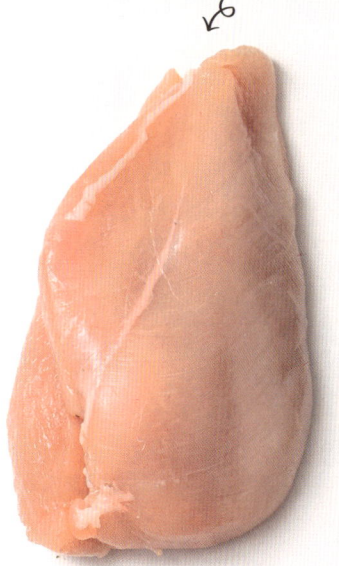

재료포인트
버터 대신 참기름 1스푼으로 대체 가능해요.

필수 재료	닭 가슴살 150g, 브로콜리 120g, 버터 12g, 곤약밥 150g
집에 있는 재료	소금·통후추 약간, 소주 ⅕컵(35㎖)
추가하면 좋은 재료	마늘 플레이크
맛있는 다이어트	닭 육수와 버터가 배어든 브로콜리가 정말 맛있어요.

☐ EASY
☐ MEDIUM
☐ HARD

30min

끓이기

냉장 보관(3~4일)

421kcal

① 닭 가슴살을 흐르는 물에 헹군 뒤 한 입 크기로 썰고 소금, 후춧가루로 간한다.

② 브로콜리는 깨끗이 씻어 먹기 좋게 썬다.

③ 냄비에 물 700㎖와 소주, 닭 가슴살을 넣고 끓인다.
물 대신 멸치 다시마 국물을 쓰면 좋아요

④ 닭 가슴살이 반쯤 익으면 브로콜리를 넣고 함께 익힌다.

⑤ 국물이 자박자박해지면 버터를 넣고 1분간 더 끓인 뒤 불을 끈다.

⑥ 곤약밥과 함께 먹는다.

소고기 | 소고기샤부샤부

샤부샤부는 채소와 고기를 넉넉히 섭취할 수 있다는 것이 장점입니다. 준비 과정이 생각보다 어렵지 않아요.
고기도 채소도 넉넉하니 만족스러운 한 끼가 될 거예요. 마지막에 죽을 먹을 수도 있답니다.

28%
순탄수화물

재료포인트
소고기는 앞다리살, 우둔살, 홍두깨살 등 지방이 적은 부위로 준비하세요.

필수 재료	소고기 200g, 각종 버섯 150g, 청경채 150g, 채소밥 50g
국물 재료	물 1L, 쓰유 ⅓컵(60㎖), 다시마 15g(멸치 다시마 백을 사용해도 좋아요)
집에 있는 재료	참기름 ½스푼, 겨자간장소스 3스푼
맛있는 다이어트	넉넉한 고기와 채소, 그리고 마무리는 역시 진한 육수에 해 먹는 죽이죠.

□ EASY
□ MEDIUM
□ HARD

20~30min

끓이기

냉장보관(당일 섭취)

396kcal

①   냄비에 물과 다시마, 쓰유를 넣고 물이 ⅔으로 줄어들 때까지 끓인다.

②   다시마를 건져내고 소고기, 버섯, 청경채를 넣어가며 먹는다.

청경채 대신 배추 혹은 잎채소로 대체해도 좋아요. 샤부샤부를 먹을 때 자주 곁들이는 칠리소스는 설탕이 많이 들어 있어요. 따라서 저탄수 식단에서는 추천하지 않는답니다. 겨자간장소스에 찍어 드세요.

③   소고기와 채소를 다 먹은 뒤 채소밥과 참기름을 넣어 죽을 만든다.

국물이 줄어들면 짠 편이니 죽을 만들기 전에 국물을 한두 국자 덜어내세요. 채소밥 대신 버섯밥이나 곤약밥으로 대체 가능해요.

요요 없이 일상으로 돌아오는 메뉴

SPECIAL

A

외식 메뉴를 대체하는 저칼로리 레시피

피자, 치킨, 햄버거 등 밖에서 자주 사 먹게 되는 고칼로리 음식의 레시피를 약간 변형하면 맛과 양은 비슷하지만 칼로리는 적게 섭취할 수 있습니다. 이 레시피는 고단백 또는 고지방이 아닌 저탄수, 저칼로리에 초점을 맞추었다는 것을 기억해주세요.

B

설탕 폭탄 카페 음료를 대체하는 '무설탕 음료'

우리를 살찌게 하는 또 다른 요인! 바로 달달한 카페 음료와 디저트 아닐까요? 스트레스받으면 달달한 걸 먹어야 하는데 참자니 너무 고통스럽고 스트레스가 배가되는 분들을 위해 준비했어요. 단맛을 내지만 0kcal에 가까운 알룰로스를 꼭 준비하세요.

C

조금은 맘 편하게 먹어도 좋은 저탄수 간식

케이크나 초코바 등 달달한 간식을 멀리하기가 무척 어렵죠? 단맛 뒤에는 탄수화물이 숨어 있다는 걸 생각하면 끊어야 하는데, 쉽지 않다면 이 레시피를 활용해보세요. 단맛을 만끽하면서도 탄수화물 섭취는 줄일 수 있도록 도와줄 거예요.

4주가 지난 뒤 어떻게 할까요?
영양사 추천 일상 메뉴

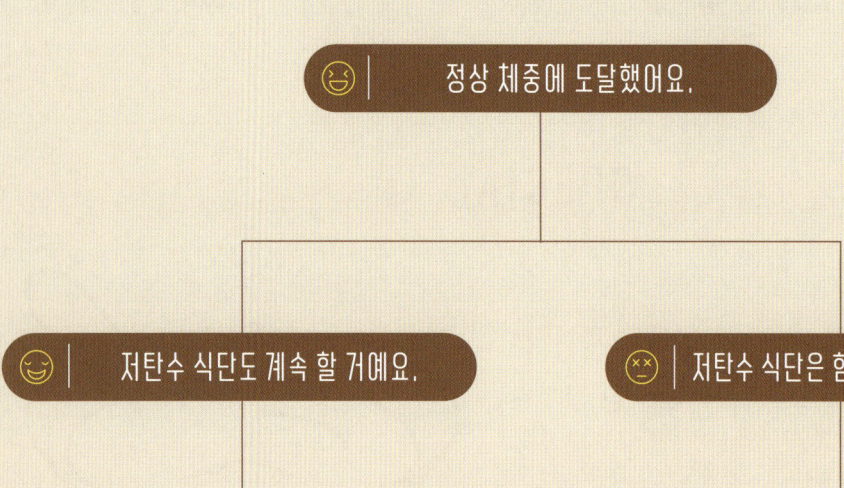

정상 체중에 도달했어요.

저탄수 식단도 계속 할 거예요.

저탄수 식단은 힘들어서 못하겠어요.

A

정상 체중에도 돌입했고 저탄수 식단도 계속할 거라고 하시니 어쩌면 가장 바람직한 상황이네요. 하지만 이 책이 제안하는 1,000~1,200kcal는 현재 상황에는 더 이상 적합하지 않아요. 이 정도 섭취량을 계속 유지한다면 체중이 더 빠지면서 컨디션이 나빠지고 여러 문제가 생길 수 있거든요. 이 책에 있는 레시피를 참고하되 지방 또는 단백질 식품의 양을 좀 더 늘려보세요.

B

목표에 도달했고 저탄수 식단을 지속하기가 어렵다고 느끼시는군요. 하지만 다시 고탄수 식단으로 돌아간다면 체중이 회복되는 것은 시간문제일 거예요. 그러니 몇 가지 규칙을 지켜보도록 해요.

1. 설탕이 들어간 간식은 하루 200kcal 넘게 섭취하지 않는다(달달한 음료, 빵, 과자 등).
2. 밥이나 면은 ½인분으로 섭취하고 채소나 단백질 식품을 넉넉히 먹는다.
3. 직접 요리할 때는 설탕은 사용하지 않는다.
4. 탄수화물이 많이 들어간 음식을 먹은 후에는 꼭 15분 이상 걷는다.
5. 배달 음식, 야식 등이 먹고 싶을 땐 '일상으로 돌아오는 메뉴'를 참고한다.

저탄수 식단을 하다가 다시 고탄수 식단으로 돌아가면 몸이 원상 복귀되는 것은 시간문제예요. 저탄수가 잠깐 하는 다이어트가 아닌 삶의 일부로 자리 잡아야 하는 이유죠. 하지만 이 레시피 북에 있는 식단으로 평생을 하는 것은 쉽지 않을 거예요. 자, 그럼 다음 스텝을 위해 다음 A~D 중 어디에 속하는지 생각해보세요.

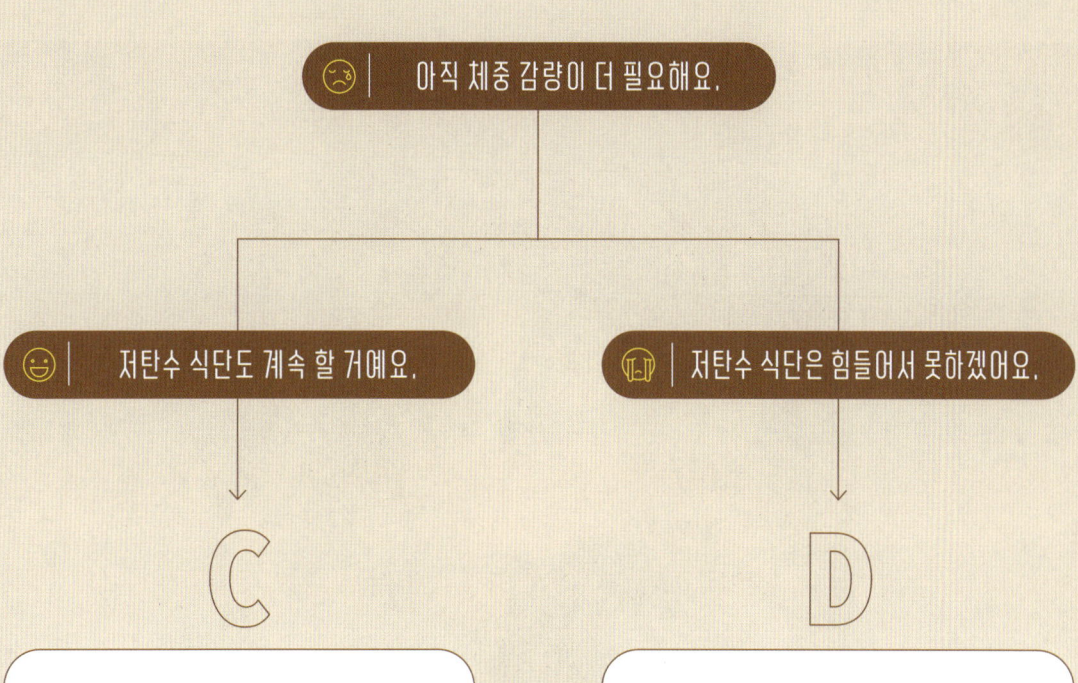

아직 체중 감량이 더 필요해요.

저탄수 식단도 계속 할 거예요.

저탄수 식단은 힘들어서 못하겠어요.

C

저탄수 식단을 계속할 계획이고 추가 감량이 필요하다면 이 책의 4주 과정을 한번 더 밟아보는 걸 추천드려요. 다만 현재 컨디션이 어떤지 점검해볼 필요가 있을 것 같아요. 칼로리 제한으로 발생할 수 있는 기운 없고 어지러운 느낌이 있고 이 증상이 하루하루 악화되는 것 같다면 저탄수 식단을 하되 식사 중간중간에 저탄수 간식을 꼭 추가해서 드시길 바라요. 컨디션이 아주 좋은 상태라면 걱정 말고 4주 과정을 또 진행하시면 됩니다.

D

목표에 도달하지 못했지만 저탄수 식단도 하기가 어렵다면 B에 해당하는 분들에게 추천한 다섯 가지 규칙을 지키면서 운동을 좀 더 적극적으로 해볼 것을 권장해요. 사람마다 식이요법보다는 운동을 지속하는 게 더 쉬운 경우도 있거든요. 어떻게 운동할지는 주변의 운동 전문가와 상의하시는 게 가장 좋아요. 그렇지만 저의 경험과 피트니스 센터에서 일했던 경험을 토대로 간략히 알려드리면 허리나 무릎 등 몸에 문제가 없다는 전제하에 유산소와 근력 운동을 섞어서 하는 게 좋아요. 탄수화물을 빠르게 태우는 근력 운동을 초반에, 지방을 잘 태우는 유산소운동을 그 뒤에 하는 게 지방 연소에 효율적이라고 해요(탄수화물을 다 사용해야 지방을 쓰기 때문이죠). 그리고 유산소운동은 숨이 찰 정도의 강도여야 합니다.
주의할 점은 몸이 준비되지 않은 상태에서 갑자기 근력 운동을 시작하면 부상의 위험이 있으니 10분 정도 스트레칭을 하고 추운 데 있었다면 몸을 따뜻하게 한 뒤 시작하세요. 총 운동 시간은 90분을 넘기지 않는 것이 좋아요. 너무 과하면 오히려 노화가 촉진되어 젊음을 잃을지도 몰라요!

오븐구이치킨

30~40min / 끓이기 / 냉장 보관(당일 섭취) / 496kcal

재료
닭 안심 300g
라이스페이퍼 5장
간장 1스푼
카옌페퍼 ⅓스푼
알룰로스 1스푼
식용유 1스푼
후춧가루 약간

순탄수화물 — 18g
지방 ——— 16g
단백질 ——— 70g
식이 섬유 —— 1g

지방이 적고 부드러운 부위인 닭 안심으로 만드는 오븐구이치킨입니다. 오븐구이는 바삭함이 적어 아쉽다고 생각하는 분들을 위해 라이스페이퍼로 바삭한 식감을 살렸어요.

① 간장, 카옌페퍼, 알룰로스, 후춧가루를 섞어 닭 안심을 10분 이상 재워둔다.

② 라이스페이퍼를 반으로 자른 뒤 미지근한 물에 1장씩 불려가며 닭 안심을 말아준다.
이 상태로 냉동 보관하면 오래 두고 먹을 수 있어요.

③ 겉에 식용유를 살짝 바른 뒤 오븐 또는 에어프라이어에서 15분간 굽는다.

NOTE 라이스페이퍼를 너무 뜨거운 물에 불리면 닭고기를 감싸기 어려울 정도로 흐느적거릴 수 있어요. 미지근한 물 사용을 권합니다.

일반 떡볶이의 절반 칼로리

떡볶이

20~25min / 끓이기 / 냉장 보관(당일 섭취) / 230kcal

재료
판형 곤약 200g
어묵 70g
양파 ⅓개, 양배추 50g
소스
토마토고추장 1스푼
다진마늘 1스푼
알룰로스 2스푼
고춧가루 ½스푼
쌀가루 ½스푼, 후춧가루 약간

순탄수화물 ─40g
지방 ──── 2g
단백질 ──── 12g
식이 섬유 ── 9g

떡은 탄수화물이 굉장히 많은 식품 중 하나입니다. 하지만 곤약으로 만든다면 탄수화물 함량과 칼로리를 대폭 낮출 수 있어요. 약간의 전분을 사용해 꾸덕한 느낌도 가미했으니 분명 마음에 들 거예요.

① 물 500㎖와 소스 재료를 섞은 뒤 팬에 넣고 끓인다.

② 양파, 양배추는 채 썰고 곤약과 어묵은 한 입 크기로 썬다.

③ 끓는 소스에 곤약과 양배추를 먼저 넣고 익힌다.

④ 양배추가 익으면 양파, 어묵을 넣고 끓인다.

NOTE 판형 곤약은 묵처럼 생긴 곤약이에요. 식초물에 담가 특유의 비린내를 제거하세요.

일반 피자의 절반 칼로리

시카고피자

40min / 오븐 조리 / 냉장 보관(당일 섭취) / 867kcal

재료

토르티야 1장
모차렐라 치즈 100g
다진 소고기 100g
양송이버섯 3개
양파 ½개
토마토 페이스트 ½종이컵
파르메산 치즈가루 1스푼(30g)
버터 10g, 소금·후춧가루 약간

순탄수화물 ─ 55g
지방 ──── 43g
단백질 ──── 65g
식이 섬유 ── 7.6g

피자 도우보다 얇은 토르티야로 만드는 피자예요. 딥 피자 형식으로 토핑과 치즈가 풍부해요. 특히 다양한 저탄수 토핑을 담을 수 있다는 것이 장점이에요.

① 토르티야를 오븐용 그릇에 오목하게 담은 뒤 예열한 오븐에서 2~3분 먼저 굽는다.

② 토르티야를 꺼내 한 김 식힌 뒤 버터를 바른다. 바르고 남은 버터는 소고기를 볶을 때 쓴다.

③ 달군 팬에 다진 소고기를 넣고 소금, 후춧가루로 간해 바싹 볶는다.

④ 버섯은 한 입 크기로 썰고 양파는 잘게 다진 뒤 갈색이 될 때까지 볶는다.

⑤ 토마토페이스트와 채소, 소고기를 모두 섞어서 살짝 볶는다.

⑥ 토르티야 위에 토핑을 모두 놓고 모차렐라 치즈, 파르메산 치즈 가루를 뿌린다.

⑦ 오븐에 넣고 치즈가 맛있게 녹으면 꺼낸다.

일반 짜장의 절반 칼로리

해물짜장

30min / 끓이기 / 냉장 보관(당일 섭취) / 684kcal

면 요리에 면 대신 버섯을 사용하면 감칠맛을 올리고 칼로리는 낮출 수 있다는 것, 이제는 잘 아시죠? 짜장면도 마찬가지입니다. 거기다 해산물을 듬뿍 넣었기 때문에 만족도 또한 최고랍니다.

재료
양파 1개(250g)
양배추 100g
새우, 오징어 등 해산물 200g
새송이버섯 300g(3~4개)
춘장 2스푼(30g)
식용유 3스푼(30g)
알룰로스 3스푼

순탄수화물 — 41g
지방 ——— 34g
단백질 ——— 54g
식이 섬유 — 18g

① 양파, 양배추는 2cm 길이로 작게 썰고 새송이버섯은 길게 채 썰어 준비한다.

② 새송이버섯은 끓는 물에 살짝 데친 뒤 체에 밭쳐둔다.

③ 달군 팬에 식용유를 넣고 양파를 갈색이 될 때까지 볶는다.
   갈색이 되어야 달달한 맛이 납니다.

④ 춘장, 새우, 오징어, 알룰로스를 넣고 2~3분 정도 더 볶는다.

⑤ 물을 1종이컵 넣은 뒤 양배추를 넣고 끓인다.

⑥ 짜장소스 농도가 적당해지면 불을 끄고 데쳐놓은 새송이버섯에 얹어서 먹는다.

일반 짬뽕의 절반 칼로리

차돌짬뽕

20~30min / 끓이기 / 냉장 보관(당일 섭취) / 650kcal

재료
차돌박이 100g
양파 1개
새송이버섯 1개(100g)
곤약 면 200g
소스
라유(고추기름) 1스푼
고춧가루 ½스푼
소금 약간

순탄수화물 — 33g
지방 ——— 47g
단백질 ——— 24g
식이 섬유 —— 15g

차돌박이를 올린 짬뽕은 고기에서 우러난 감칠맛이 대단하죠. 탄수화물까지 줄여 더욱 깔끔해진 짬뽕을 기대해보세요.

① 달군 팬에 차돌박이를 굽는다.

② 차돌박이가 익으면 꺼내고 팬에 차돌박이 기름이 있는 상태에서 소스 재료를 넣고 약한 불에서 1분 정도 볶는다.

③ 채 썬 양파, 새송이버섯을 넣고 볶다가 곤약 면, 물 2종이컵을 넣고 팔팔 끓인다.

④ 구운 차돌박이를 넣고 1~2분 더 끓인 뒤 불을 끈다.

(NOTE) 차돌박이는 우삼겹으로 대체해도 좋아요. 곤약 면은 식초물에 10분 이상 담가 특유의 냄새를 빼주세요.

일반 해물라면의 절반 칼로리

해물라면

20~30min / 끓이기 / 냉장 보관(당일 섭취) / 393kcal

재료
라면 ½개(55g)
홍합 100g
새우 100g(3~4미)
팽이버섯 200g
라면 수프 1봉

다이어트할 때 가장 참기 힘든 음식 중 하나가 라면이죠. 하지만 라면도 조금만 연구하면 비교적 건강하고 가볍게 먹을 수 있어요. 해물을 듬뿍 넣은 라면으로 즐겁게 체중을 관리해봐요.

① 냄비에 물 350㎖를 넣고 끓인다.

② 팽이버섯, 홍합, 새우, 수프를 넣고 1~2분 정도 끓인다.

③ 라면을 넣는다.

④ 기호에 맞게 익으면 불을 끄고 먹는다.

순탄수화물 — 48g
지방 ——— 9g
단백질 ——— 30g
식이 섬유 — 8g

(NOTE) 라면 수프는 일반 라면에 포함된 것을 그대로 사용하시면 됩니다.

일반 크림리소토의 절반 칼로리

비프크림리소토

20~30min / 끓이기 / 냉장 보관(당일 섭취) / 587kcal

재료

소고기 100g
쌀밥 50g
판형 곤약 200g
양파 ½개
양송이버섯 3개
우유 300㎖
생크림 30㎖
소금·후춧가루 약간

순탄수화물 – 49g
지방 ——— 27g
단백질 ——— 38g
식이 섬유 —— 8g

고소하고 눅진한 크림소스에 버무린 크림리소토는 마니아가 많은 메뉴입니다. 밥 양을 줄이고 대신 곤약을 사용해 칼로리를 줄였답니다. 이제 집에서도 고급 레스토랑 느낌을 내보세요.

① 곤약은 밥알 크기로 다져 식초물에 담가둔다.

② 달군 팬에 물 100㎖, 우유, 양송이버섯, 양파를 넣고 중간 불에서 끓인다.

③ 키친타월로 표면의 핏물을 제거한 소고기와 곤약, 쌀밥을 넣고 끓인다.

④ 농도가 적당해지면 생크림을 넣고 1~2분 정도 더 끓인 뒤 불을 끈다.

NOTE 판형 곤약은 곤약 쌀로 된 것을 구입해도 좋아요. 단, 전분이 포함된 것이 아닌지 확인해야 해요.

일반 브런치의 절반 칼로리

홈카페 브런치 1

20~30min / 끓이기 / 냉장 보관(당일 섭취) / 540kcal

재료
베이컨 50g
달걀 2개
우유 100㎖
슬라이스 치즈 1장
감자 100g
토마토 1개
식용유 1스푼
소금 약간

순탄수화물 ── 25g
지방 ──────── 33g
단백질 ─────── 28g
식이 섬유 ──── 5.3g

종종 카페에 가면 만날 수 있는 브런치 메뉴예요. 베이컨과 달걀오믈렛, 매시트포테이토로 구성되어 있어요. 늦은 아침 일어나 커피 한잔과 먹을 요리를 찾고 있다면 한번 시도해보세요.

① 감자는 푹 쪄낸 뒤 따뜻할 때 으깨서 치즈와 섞는다.

② 달걀은 우유, 소금과 섞어 식용유를 두른 팬에 오믈렛을 한다.

③ 베이컨도 굽는다.

④ 그릇에 옮겨 담고 함께 먹는다.

NOTE 슬라이스 치즈 는 파르메산 치즈가루 1스푼으로 대체해도 좋아요.

일반 브런치의 절반 칼로리

홈카페 브런치 2

20~30min / 끓이기 / 냉장 보관(당일 섭취) / 487kcal

재료
닭 가슴살 소시지 120g
달걀 1개
단호박 200g
토마토 1개
발사믹 드레싱 1스푼
식용유 1스푼

순탄수화물 — 26g
지방 ———— 27g
단백질 ———— 32g
식이 섬유 —— 11g

두 번째 브런치 메뉴입니다. 단백질이 풍부한 식재료와 단호박구이가 함께해 저탄수를 유지하면서 기분 내기 좋은 가벼운 한 끼 식사예요.

① 단호박은 푹 쪄내거나 굽는다.
   전자레인지에 소량의 물과 함께 넣고 8분 정도 돌려도 됩니다.

② 달군 팬에 칼집을 낸 닭 가슴살 소시지를 굽는다.

③ 달걀은 프라이한다.

④ 토마토에 발사믹 드레싱을 뿌려 함께 먹는다.

NOTE 닭 가슴살 소시지는 닭고기 함량이 높은 걸로 구입하는 게 좋아요.

짠 음식 먹은 뒤

부기해소주스

20~30min / 끓이기 / 냉장 보관(당일 섭취) / 45kcal

재료
비트(뿌리) 50g
토마토 100g
케일 2장
물 300㎖

짠 음식을 먹어서 다음 날 부을까 걱정이라면, 혹은 평소보다 부기 빠진 슬림한 모습을 보이고 싶은 날이라면 이 주스를 마셔보세요. 칼륨이 풍부한 비트와 토마토가 나트륨 배출을 도와줄 거예요.

① 모든 재료를 믹서에 넣고 간다.

순탄수화물 — 8g
지방 ———— 0g
단백질 ——— 2.8g
식이 섬유 — 3.6g

(NOTE) 비트는 단단해서 잘 갈리지 않으니 믹서에 넣기 전에 작게 잘라주세요.

술 마신 다음 날

해장주스

20~30min / 끓이기 / 냉장 보관(당일 섭취) / 37kcal

재료
아스파라거스 1대
토마토 100g
물 300㎖
꿀 ½스푼

알코올 해독에 도움이 되는 라이코펜이 풍부한 토마토와 숙취 해소에 도움이 되는 아스파라긴산이 풍부한 아스파라거스로 만드는 해장주스입니다. 고칼로리 해장국 말고 가볍게 해장주스 드세요.

① 아스파라거스는 끓는 물에 30초 정도 살짝 데친다.

② 모든 재료를 믹서에 넣고 간다.

순탄수화물 — 8g
지방 ————— 0g
단백질 ———— 1g
식이 섬유 — 2.6g

(NOTE) 단맛을 추가하고 싶다면 알룰로스를 1~2스푼 넣으세요.

스무디

20~30min / 끓이기 / 냉장 보관(당일 섭취) / 117kcal

재료
바질 시드 1스푼
알룰로스 1스푼
아몬드 5알
물 300㎖

결혼식 같은 행사에선 끝없이 펼쳐진 뷔페에서 과식을 하는 경우가 많죠. 눈앞에 음식을 두고, 혹은 배가 몹시 고프다면 통제하기 어려울 거예요. 그럴 때 미리 포만감이 오래가는 스무디를 마시면 좋아요.

① 　　모든 재료를 믹서에 넣고 간다.

② 　　바질 시드가 붇기 전에 먹는다.
　　　　바질 시드가 불어나면 식감이 미끈거려 삼키기 부담스러워요.

순탄수화물 — 8g
지방 ——— 7g
단백질 ——— 5g
식이 섬유 —1.5g

(NOTE) 바질 시드는 물과 만나면 30배 가까이 불어나 포만감을 줄 수 있어요.

당 덩어리 초코라테 대신

무설탕 초코라테

20~30min / 끓이기 / 냉장 보관(당일 섭취) / 267kcal

재료
카카오 분말 2스푼
알룰로스 3스푼
우유 300㎖

추가하면 좋은 재료
에스프레소 1샷

순탄수화물 – 18g
지방 ——— 15g
단백질 ——— 15g
식이 섬유 —9.4g

달달한 초코라테는 많은 분들의 솔 메이트죠. 하지만 당 함량을 알면 깜짝 놀랄 거예요. 이제부터 당류 0g으로 직접 만들어서 마시는 건 어떨까요?

① 모든 재료를 컵에 넣고 숟가락으로 섞는다.

(NOTE) 카카오 분말은 설탕이 없는 카카오 분말 100%로 구입하세요.

당 덩어리 말차라테 대신

무설탕 말차라테

20~30min / 끓이기 / 냉장 보관(당일 섭취) / 218kcal

재료
말차가루 ½스푼(7g)
우유 300㎖
알룰로스 3스푼

추가하면 좋은 재료
코코넛 밀크

순탄수화물 ── 20g
지방 ──────── 10g
단백질 ────── 12g
식이 섬유 ──── 1g

쌉쌀한 맛이 좋은 말차를 넣은 라테입니다. 유명 프랜차이즈 그린티라테 대비 열량은 20%, 당 함량은 40% 가까이 줄였어요. 만드는 방법도 매우 간단하답니다.

① 말차가루를 뜨거운 물 50㎖에 섞는다.
　 말차가루가 잘 섞이게 하기 위해서입니다.

② 우유, 알룰로스를 넣어 섞는다.

NOTE 말차는 차광 재배한 것이 더 구수해요.

당 덩어리 홍차라테 대신

무설탕 홍차라테

20~30min / 끓이기 / 냉장 보관(당일 섭취) / 195kcal

재료
홍찻잎 1스푼
알룰로스 3스푼
우유 300㎖
물 100㎖

홍차를 우려내 우유와 함께 타 먹는 홍차라테는 밖에서 사 먹는 것과 비교했을 때 인공적인 맛이 덜 나고 향이 풍부해서 좋아요. 당 섭취량도 반으로 줄일 수 있으니 일석이조.

①   홍찻잎 1스푼을 뜨거운 물에 10분 정도 우려낸다.

②   찻잎을 건져내고 우유, 알룰로스를 넣어 섞는다.

순탄수화물 — 17g
지방 ———— 10g
단백질 ———— 9g
식이 섬유 ——— 0g

(NOTE) 홍찻잎은 얼그레이나 루이보스를 추천해요.

290

무설탕 흑임자라테

20~30min / 끓이기 / 냉장 보관(당일 섭취) / 212kcal

재료
검정깨 1스푼(15g)
우유 200㎖
알룰로스 2스푼
에스프레소 1샷

추가하면 좋은 재료
검정콩가루

순탄수화물 — 15g
지방 ——— 13g
단백질 ——— 9g
식이 섬유 —— 0g

진한 고소한 맛 때문에 인기를 끌고 있는 흑임자라테. 하지만 이 또한 설탕이 많이 들어간답니다. 집에서도 손쉽게 만들 수 있으니 더 건강하게 먹어보세요.

① 검정깨는 곱게 으깨 알룰로스와 섞는다.
   이 상태로 냉장 보관하면 두고두고 먹을 수 있어요.

② 컵에 넣은 뒤 우유를 붓고 마지막으로 에스프레소 샷을 넣는다.
   커피가루를 사용할 때는 뜨거운 물에 녹인 뒤 부어주세요.

NOTE 에스프레소 1샷은 커피가루 1스푼으로 대체해도 좋아요.

당 덩어리 딸기라테 대신

무설탕 딸기라테

20~30min / 끓이기 / 냉장 보관(당일 섭취) / 220kcal

재료
우유 300㎖
딸기 500g
알룰로스 1종이컵

새콤달콤한 딸기는 과일 중에서도 비타민 C가 많은 편에 속해요. 따라서 피부 미용에 신경 쓰는 분, 피로 해소가
필요한 분에게 아주 좋은 음료랍니다.

① 딸기는 열탕 소독한 깨끗한 그릇에 넣고 으깬 뒤 알룰로스와 섞는다.

② 냄비에서 5분 이내로 짧게 끓인 뒤 식혀서 열탕 소독한 유리 용기에 담아 냉장 보관한다.
   신선한 딸기를 원한다면 끓이지 않아도 좋아요.

③ 완성한 딸기청 100g과 우유 300ml를 섞어서 먹는다.

순탄수화물 ― 23g
지방 ―――― 10g
단백질 ―――― 10g
식이 섬유 ― 0g

(NOTE) 냉동 딸기도 좋아요.

292

당 덩어리 연유라테 대신

무설탕 연유라테

30~40min / 끓이기 / 냉장 보관(당일 섭취) / 249kcal

재료
우유 300㎖
에스프레소 1샷
알룰로스 120㎖(⅔종이컵)
우유 600㎖

연유와 에스프레소의 만남은 달콤쌉쌀한 매력이 있죠. 그런데 연유를 만들 때 설탕이 정말 많이 들어간답니다. 설탕 없이도 달달한 연유라테 레시피로 맘 편히 드세요.

① 알룰로스와 우유를 냄비에 넣고 약한 불에서 계속 저어가며 뭉근히 끓인다.

② 반으로 줄면 불을 끄고 열탕 소독한 유리병에 옮겨 담는다.

③ 완성한 연유 50g과 우유를 섞고 에스프레소를 붓는다.

순탄수화물 ― 22g
지방 ――――― 13g
단백질 ―――― 12g
식이 섬유 ―― 0g

(NOTE) 에스프레소 1샷은 커피가루 1스푼으로 대체해도 좋아요.

당 덩어리 모히토 대신

무설탕 논알코올 모히토

20~30min / 끓이기 / 냉장 보관(당일 섭취) / 10kcal

재료
탄산수 300㎖
라임 ½개
알룰로스 ⅓종이컵(60㎖)
애플민트 5g

라임과 달달한 탄산의 조화가 매력적인 논알코올 모히토입니다. 탄산음료에 든 설탕 양이 어마어마하다는 것을 생각하면, 이 에이드는 당류 0g인 아주 착한 음료랍니다.

① 라임은 소금 등을 이용해 껍질을 깨끗이 씻는다.

② 탄산수에 알룰로스를 넣고 슬라이스한 라임을 넣는다.

③ 가볍게 으깨 향이 우러나게 한 애플민트를 넣는다.

순탄수화물 ── 2g
지방 ─────── 0g
단백질 ────── 0g
식이 섬유 ──── 0g

(NOTE) 딸기, 자몽, 오렌지로도 만들 수 있어요.

저탄수 단호박치즈케이크

60min / 끓이기 / 냉장 보관(당일 섭취) / 390kcal

재료
단호박 500g
알룰로스 ½종이컵
크림치즈 100g
아몬드 100g
다이제 오리지널 4조각

순탄수화물 — 21g
지방 ——— 29g
단백질 ——— 11g
식이 섬유 — 10g

상대적으로 탄수화물 함량이 낮은 구황작물인 단호박은 자체적으로 단맛을 지닌 식재료입니다. 크림치즈와 만나서 이렇게 맛 좋은 디저트가 되기도 하죠.

① 단호박은 껍질을 제거한 뒤 오븐이나 에어프라이어에 20~30분간 구워 수분을 날리고 충분히 익힌다.

② 믹서나 핸드 블렌더를 이용해 모든 재료를 간다.

③ 케이크 틀에 으깬 다이제를 꾹꾹 눌러 바닥에 깔고 단호박 무스를 얹는다.

④ 냉동실에서 30분간 굳힌다.

(NOTE) 아몬드는 가루로 구입하면 더 좋아요.

저탄수 당근케이크

20~30min / 끓이기 / 냉장 보관(당일 섭취) / 364kcal

재료

당근 300g
호두 30g
달걀 3개
크림치즈 50g
우유 200㎖, 버터 20g
박력분 4스푼(60g)
알룰로스 ⅓컵(60㎖)
소금·식용유 약간

순탄수화물 — 27g
지방 ———— 23g
단백질 ———— 11g
식이 섬유 ——— 12g

다이어트할 때 먹어도 좋을 것 같은 당근케이크에는 설탕과 버터를 많이 넣어 생각보다 칼로리가 높답니다. 설탕, 밀가루, 버터 사용을 최소해 건강한 당근케이크 레시피를 알려드릴게요.

① 당근과 호두는 잘게 다진다.

② 모든 재료를 한데 섞는다(크림치즈와 버터는 녹인 뒤 섞으세요).

③ 밥솥 안쪽에 기름을 발라 코팅한다.

④ 반죽을 넣고 만능찜 기능으로 40분 정도 익힌다.

(NOTE) 박력분은 케이크가 흩어지지 않게 하는 용도로 소량만 사용합니다.

일반 티라미수 대신

저탄수 티라미수

20~30min / 끓이기 / 냉장 보관(당일 섭취) / 440kcal

재료
다이제 오리지널 2조각
크림치즈 70g
두부 70g
커피가루 ½스푼
카카오가루 ½스푼
알룰로스 3스푼

순탄수화물 ― 25g
지방 ―――― 32g
단백질 ――― 13g
식이 섬유 ―― 2g

칼로리가 높은 크림치즈 함량은 줄이고 부드럽고 고소한 두부를 넣어 만든 티라미수입니다. 눈으로 보나 맛을 보나 큰 차이가 없는데, 영양 성분은 확실히 착해졌어요.

① 지름이 10cm 이내인 케이크 틀을 준비한다.

② 두부는 면보에 싸서 수분을 짜낸 뒤 크림치즈, 알룰로스와 섞어 간다.

③ 케이크 틀 바닥에 으깬 다이제를 꾹꾹 눌러 다진다.

④ 커피가루를 뜨거운 물 2스푼에 녹인 뒤 다이제 위에 붓는다.

⑤ 만들어놓은 ②의 크림 무스를 얹고 카카오가루를 뿌린다.

⑥ 냉장고에서 30분간 굳힌다.

저탄수 바질시드너츠바

20~30min / 끓이기 / 냉장 보관(당일 섭취) / 122kcal

재료
바질 시드 100g
아몬드 70g
해바라기 씨 70g
알룰로스 ½컵

바질 시드는 물과 만나면 30배 가까이 불어나는 것이 특징이에요. 그래서 포만감이 필요한 다이어터가 활용하면 좋은 식재료입니다. 들고 다닐 수 있는 너츠 바로 만들어 배고플 때 틈틈이 드세요.

① 모든 재료를 한데 넣고 섞는다.

② 종이 포일을 깔고 그 위에 꾹꾹 눌러 깐다.

③ 180℃로 예열한 오븐에서 10~15분 정도 굽는다.

④ ③을 꺼내 한 김 식힌 뒤 10등분하고 개별 포장해 냉장 보관한다.

순탄수화물 —— 7g
지방 ———— 8g
단백질 ——— 5g
식이 섬유 —— 4g

NOTE 바질 시드 대신 햄프 시드나 치아 시드를 사용해도 좋아요.

저탄수 초코맛 프로틴바

20~30min / 끓이기 / 냉장 보관(당일 섭취) / 120kcal

재료
카카오가루 1스푼(15g)
분리 유청 단백 4스푼(60g)
검정콩가루 50g
무가당 두유 50㎖
코코넛 오일 3스푼(30g)
알룰로스 3스푼
소금 약간

시중에 판매하는 프로틴 바 중에는 생각보다 당류가 들어간 것이 많아요. 반면 성분이 좋다 싶으면 가격이 너무 부담스럽기도 하죠. 그래서 분리 유청 단백으로 프로틴 바를 직접 만드는 것도 좋아요.

①　카카오가루, 분리 유청 단백, 검정콩가루는 한데 넣고 섞는다.

②　따뜻하게 녹인 코코넛 오일, 알룰로스, 무가당 두유도 넣어 섞는다.

③　비닐장갑 낀 손으로 반죽을 충분히 한 뒤 종이 포일 깐 용기에 꾹꾹 눌러 담는다.

④　30분 이상 냉장 보관한 후 꺼내 7등분한 뒤 개별 포장한다.

순탄수화물 — 4g
지방 ——— 6g
단백질 ——— 12g
식이 섬유 — 2g

(NOTE) 검은콩가루는 아몬드가루로 대체해도 좋아요.

MEMO